Alexandra Reinwarth

Das »Sinn des Lebens«-Projekt

Alexandra
Reinwarth

Das
»Sinn des Lebens«-
projekt

Wie ich auszog, um die großen Fragen
des Lebens zu beantworten

mvgverlag

Bibliografische Information der Deutschen Nationalbibliothek:
Die Deutsche Nationalbibliothek verzeichnet diese Publikation in der Deutschen Nationalbibliografie; detaillierte bibliografische Daten sind im Internet über http://d-nb.de abrufbar.

Für Fragen und Anregungen:
sinnprojekt@mvg-verlag.de

1. Auflage 2013

© 2013 by mvg Verlag, ein Imprint der Münchner Verlagsgruppe GmbH,
Nymphenburger Straße 86
D-80636 München
Tel.: 089 651285-0
Fax: 089 652096

Alle Rechte, insbesondere das Recht der Vervielfältigung und Verbreitung sowie der Übersetzung, vorbehalten. Kein Teil des Werkes darf in irgendeiner Form (durch Fotokopie, Mikrofilm oder ein anderes Verfahren) ohne schriftliche Genehmigung des Verlages reproduziert oder unter Verwendung elektronischer Systeme gespeichert, verarbeitet, vervielfältigt oder verbreitet werden.

Umschlaggestaltung: Maria Wittek, München
Umschlagabbildung: unter Verwendung von iStockphoto
Satz: Grafikstudio Foerster, Belgern
Druck: CPI, Ebner & Spiegel, Ulm
Printed in Germany

ISBN Print 978-3-86882-291-5
ISBN E-Book (PDF) 978-3-86415-330-3
ISBN E-Book (EPUB, Mobi) 978-3-86415-331-0

Weitere Informationen zum Verlag finden Sie unter
www.mvg-verlag.de
Beachten Sie auch unsere weiteren Verlage unter
www.muenchner-verlagsgruppe.de

INHALT

Einleitung – auf der Suche nach Erkenntnis   7

Der geistige Weg: Geistige Erfüllung durch Spiritualität   9

   Die Lebensfreude-Messe   *15*
   Die Engelschule   *23*
   Bei den Schamanen   *47*
   Das Medium & die Rückführung   *67*
   Die Kirche   *92*

Der körperliche Weg: Das Finden der inneren Mitte   103

   Ich umarme einen Guru   *103*
   Trance-Tanz   *115*
   Fasten   *123*
   Reiki-Reiner   *132*
   Schweigen – Einfach mal die Klappe halten   *145*

Der seelische Weg: Innerer Frieden und Zufriedenheit   155

   Die verpasste Liebe treffen   *156*
   Sich treu bleiben   *168*
   Mit der Mutter aussöhnen   *177*
   Das Kind   *187*

Und nun?   197

Nachwort   199

EINLEITUNG –
AUF DER SUCHE NACH ERKENNTNIS

Manchmal denkt man sich doch echt *Was soll das alles?*

Das kann einen ganz kleinen Auslöser haben, zum Beispiel – staubsaugen! Das geht dann ungefähr so:

→ Wozu mache ich das überhaupt? Nächste Woche sieht es wieder genauso aus.
→ Wozu mache ich überhaupt irgendetwas sauber, wenn es wieder dreckig wird?
→ Ist mein Leben zum Saubermachen da? Wohl kaum.
→ Also wozu zum Teufel sind wir da?

Nicht, dass ich übermäßig oft staubsaugen würde, aber sehen Sie, was ich meine? Es passiert ganz leicht. *Was soll das alles?*, frage ich mich andauernd.

Verstehen Sie mich nicht falsch, über mir hängt keine große, dunkle Wolke der Verzweiflung oder so etwas. Es klappt so weit alles ganz gut in meinem Leben, von Feinheiten wie einem sauertöpfischen Nachbarn und einer genetischen Bindegewebsschwäche und solchen Dingen mal abgesehen. Es ist nur so, dass ich mir manchmal denke: *Ist das alles? Müsste da nicht noch etwas sein? Kommt da jetzt noch was Aufregendes, Erkenntnisreiches in diesem Leben – oder geht das jetzt einfach immer nur so weiter – arbeiten, schlafen, staubsaugen – bis man umfällt?* Es muss doch im Leben einen tieferen Sinn geben, als sich so durchzuwursteln!

Es ist ein bisschen so wie in dem Film *Eat, Pray, Love*. Nicht, dass ich auch nur entfernt Ähnlichkeit mit Julia Roberts hätte, aber da zog auch eine aus, um sich ebendiese Fragen selbst zu beantworten. Leider ist die Autorin der Buchvorlage aber Amerikanerin, und das verwandelt schon den absichtlichen Verzehr von Kalorien durch ein paar Teller Nudeln in eine Form der Selbstverwirklichung. Nein, mit ein paar Spaghetti kremple ich mein Leben nicht um, wenn es danach ginge, wären das Nirwana und ich schon längst die dicksten Kumpels. Hier muss ein ausgefeiltes Programm her und den Weg dorthin werde ich in drei Arbeitsschritte teilen:

1. einen geistigen: Geistige Erfüllung durch Spiritualität,

2. einen körperlichen: Das Finden der inneren Mitte – über den Körper ans Gemüt,

und 3. einen seelischen: Innerer Frieden und Zufriedenheit

Damit müsste ich den Weg zum Urgrund des Seins so weit zusammen haben. Wenn Sie Lust haben, kommen Sie mit und gucken Sie mir zu, vielleicht ist das eine oder andere für Sie dabei.

DER GEISTIGE WEG: GEISTIGE ERFÜLLUNG DURCH SPIRITUALITÄT

Haben Sie sich schon mal die Chakren reinigen lassen? Mit den Erzengeln geplauscht? Nein? Sie haben auch noch nie nackt auf einer Waldlichtung getanzt, um die Göttin anzurufen? Sie wissen noch nicht mal, wer Sie in Ihrem früheren Leben waren? Sie sind wohl nicht so der spirituelle Typ?

Ich auch nicht.

Als Jugendliche hatte ich immer angenommen, wenn ich erst mal groß wäre, würde sich mir der Sinn und Zweck unseres (und besonders meines) Aufenthalts auf dieser Erde schon noch enthüllen. Tatsächlich bin ich jedoch in dieser Sache überhaupt nicht weitergekommen, man muss sich ja auch noch um andere Dinge kümmern, und spätestens als ich älter wurde und so wahnsinnig erwachsene Dinge tat wie Überweisungen auszufüllen, Auto zu fahren und zu heiraten, wurde mir klar, dass die Erwachsenen, zu denen ich nun allem Anschein nach gehörte, auch nur improvisieren. Wie sollte es auch anders gehen? Wir leben ja alle zum ersten Mal, kein Wunder also, dass da alles noch nicht auf Anhieb klappt. Allerdings gibt es Leute, die sich mehr mit dem Sinn und Zweck beschäftigen als ich und die davon überzeugt sind, einem gewissen Plan zu folgen oder diesen zumindest ansatzweise zu verstehen – wenn das stimmt, also das wäre großartig. Willkommen in der spirituellen Welt.

Mein letztes transzendentales Erlebnis fand in meinem Kinderzimmer statt. Ines und Stefan, die Nachbarskinder, saßen mit mir im Schneidersitz auf dem Fußboden. Vor uns stand ein umgedrehtes Glas in einem Kreis aus Buchstaben. Wir waren professionell in wallende Gewänder (Bettlaken) gehüllt, hatten die Vorhänge zugezogen und warteten darauf, dass ein verstorbener Geist erschien, der durch das Glas zu uns sprechen würde. Das Einzige, was uns jedoch nach einer guten halben Stunde erschien, war meine äußerst lebendige Mutter, die sagte, Abendessen wäre fertig und Ines und Stefan sollten jetzt nach Hause gehen.

»Wir können ja morgen weitermachen«, rief ich Ines und Stefan hinterher und sie winkten vom Gartentor aus zurück: »Ja, bis morgen!«

So können Verabredungen zur Geisterbeschwörung aussehen. Dass wir am nächsten Tag doch lieber tote Käfer beerdigten, steht sinnbildlich für den pragmatischen Umgang von Kindern mit der geheimnisvollen spirituellen und mysteriösen Welt: Sie ist eben auch nicht geheimnisvoller, spiritueller und mysteriöser als die Idee, Hasen würde zu einer bestimmten Zeit im Jahr bemalte Eier verstecken oder tote Hamster kämen in den Himmel. Ganz zu schweigen von dem, was Kinder aufgetischt bekommen, die in einer der gängigen Religionen erzogen werden. Ich kenne mich mit den anderen Religionen nicht so gut aus, aber was ich von der christlichen mitbekommen habe, schlägt jedem paranormalen Fass den Boden aus.

Daher nahmen meine Kinder-Kollegen und ich das unerklärlich Jenseitige ebenso wie den Osterhasen und die Auferstehung Jesu einfach: an.

Auch wenn im Laufe der folgenden Lebensjahre das Unterscheiden zwischen offensichtlich erdichteten Geschichten und der tatsächlichen, existenten Welt immer leichter fiel – so ganz sicher war ich mir nie, ob nicht doch Dinge möglich sind, die auf den ersten Blick völlig unmöglich sind. Diese Ahnung verblieb aber völlig regungslos in einem ungenutzten Teil meines Gehirns, erst etwas später, als im Leben meiner Schulfreundinnen und mir allmählich ein übergroßes Interesse an Jungs zu sprießen begann, wurden wir alle miteinander noch kurz zu Hobby-Hellseherinnen:

Jeder noch so kleine Hinweis, dass der ahnungslose Auserwählte tatsächlich für einen bestimmt war, war willkommen. Passte sein Sternzeichen nicht ideal zu dem eigenen, dann vielleicht sein Aszendent oder das chinesische Horoskop. Passte alles nicht, konnte man immer noch den Liebestest in der Zeitschrift *Mädchen* machen. Und gefiel einem das Ergebnis nicht, konnte man den Test ja auch noch einmal machen. Und dann noch mal, so lange, bis es passte. Als schließlich die realen Jungs in unser Leben traten, stiegen die meisten von uns um, von Horoskopen und Hoffen auf Küssen und Knutschen (aber nicht alle). Dabei stellte sich heraus, dass die Welt des anderen Geschlechts mitunter auch ziemlich mysteriös anmutet …

Die spirituelle Welt und die Jungs-Welt kollidierten nur ein einziges Mal: als mein Freund während der Studienzeit mir ehrlich und reinen Herzens versicherte, es hätte in einem Wald, in der Nähe seiner Heimatstadt, Steine geregnet. Und zwar richtige faustgroße Steine. Allerdings hat er mir ebenso reinen Herzens kurz darauf erzählt, dass er mich verlassen müsste, weil ich etwas Besseres verdient hätte. Mit zunehmender Lebenserfahrung bin ich mir daher bei der Steinregen-Geschichte nicht mehr so hundertprozentig sicher.

Ansonsten hat sich seither bei mir spirituell rein gar nichts getan – man hat ja schließlich auch noch andere Dinge zu tun: Beziehungen führen, arbeiten, Müll trennen, solche Dinge. In meinem Alltag war bis jetzt einfach kein Platz für spirituelle Energiearbeit und Selbstfindung, kein Wunder also, dass es da mit der Erleuchtung hapert.

So, wie es aussieht, bin ich mit meiner ebenso vagen wie hoffnungsvollen Ahnung, da draußen möge tatsächlich *irgendetwas* sein, nicht alleine. Die Suche nach der höheren Ordnung, nach etwas, das der Lebensgestaltung eine Orientierung gibt, und nach diesem vermaledeiten Sinn des Lebens kennen vermutlich die meisten. Auf eine befriedigende Antwort kommen jedoch die wenigsten.

Während des Glücksprojekts[1] stieß ich diesbezüglich auf einen Text, der sich ›Interview mit Gott‹ nennt. Das Interview besteht aus einem Haufen Plattitüden vor aquarellfarbenen Landschaften und am Ende wird Gott die Frage gestellt:

»*Gibt es noch etwas, das deine Kinder wissen sollten?*«

Und Gott antwortet:

»*Dass ich hier bin. Immer.*«

Kann man spirituell gerührt sein? Also ich war es in dem Moment. Mir wurde ganz warm im Bauch und ich spürte ein sehnsüchtiges Ziehen in meinem Inneren. Was für eine schöne Vorstellung. Wenn man glauben kann, dass irgendeine höhere Ordnung über einen wacht und man nicht allein ist, dann fühlt man sich bestimmt glücklich. Wenn man darauf vertrauen kann, dass alles schon irgendwie einen Sinn hat und seine Richtigkeit, auch wenn wir das nicht immer gleich verstehen.

Aber kann man das glauben? Dass es eine Macht gibt, die wir mit unserem bloßen Auge und unserem Menschenverstand nicht sehen, geschweige denn begreifen können? Ist da irgendwas? Ist es so, wie Shakespeares Hamlet sagt: »*Es gibt mehr Dinge zwischen Himmel und Erde, als eure Schulweisheit sich erträumen lässt*«?

Eine immaterielle, nicht sinnlich fassbare Wirklichkeit?

Manchmal bin ich geneigt, das zu glauben. Zum Beispiel wenn meine Freundin Petra mir erzählt, in der Nacht, als sie überra-

---

[1] *Das Glücksprojekt: Wie ich (fast) alles versucht habe, der glücklichste Mensch der Welt zu werden* / ISBN 978-3-86882-205-2

schend und um Wochen zu früh ihren Sohn zur Welt brachte, habe ihre Mutter aus dem Ausland spontan in dem betreffenden Krankenhaus angerufen, denn *sie hätte so ein komisches Gefühl gehabt.* Oder dass verschiedene Erfindungen in einem ähnlichen Zeitrahmen in verschiedenen Kulturen gemacht wurden, die nicht in Kontakt miteinander standen!

Gibt es eine Verbindung, eine Art unsichtbares Netzwerk zwischen den Menschen? Oder eine geheimnisvolle Aura, die manche sehen können? Letzteres wäre zumindest eine Erklärung dafür, dass die Betrunkenen und die Bettler in der Fußgängerzone immer auf mich zusteuern, die sehen meine Schwächstes-Glied-in-der-Kette-Aura.

Oder ist das alles, wie mein reizender Lebensgefährte L. meint, *Shanti-Käse mit Soße*? Aber warum lächeln diese erleuchteten Gurus dann immerzu?

Je mehr ich darüber nachdenke, desto klarer wird auch mein Entschluss: ich baue meine Verbindung zum Transzendenten aus. Ich will Spiritualität erleben, mich selbst sowohl finden als auch erfahren, mein Bewusstsein erweitern, das innere Glück freilegen und Erleuchtung, die will ich auch. Ich will einmal gemischten Shanti-Käse mit Soße. Ich probiere alles Mögliche durch, irgendwo werde ich schon das Richtige finden. Das einzige Problem ist: Ich habe keine Ahnung, wo ich anfangen soll.

Es ist aber auch vertrackt! Haben Sie sich mal die ganzen Wege zum erleuchteten, glückseligen Selbst angesehen? Da ist es ja leichter, bei Ikea die Abkürzung zum Restaurant zu finden! Zu meinem ganz großen Glück findet jedoch just dieses Wochenende in München die *Lebensfreude-Messe* statt. Dass ich dort Inspiration finde, versprechen diverse Plakate, auf denen die wichtigsten Programmpunkte angekündigt sind:

Es gibt eine Motherdrum-Lounge mit Trommelpower, Shakti Dance und Delfin-Channeling, Quanten-Transformationen und als ganz großes Highlight: die Präsentation des Metatron-Lichtstabs! Da muss ich hin, keine Frage – und ich weiß auch schon, wer mitmuss:

Anne.

Anne, das müssen Sie wissen, ist meine Esoterik-Freundin. Die Freundin, die an meiner Seite gegen die Jungs in der Puppenecke gekämpft hat. Die, die so oft bei mir übernachtet hat, dass meine Mutter ihr eine eigene Zahnbürste gekauft hat und mit der ich gemeinsam auf der Schultoilette das Wachstum unseres Jungmädchenbusens kontrolliert habe. Anne ist diejenige, die immer zu mir hält, egal was ich ausgefressen habe. Und das, obwohl unsere Interessen der Kindheit (Jungs, Busenwachstum, Kätzchen) irgendwann auseinandergingen: Anne vertiefte sich in Tarotkarten, Wasserenergetisierung und Cranio-Sacral-Therapie und ich vertiefte mich in L. und eine angehende Karriere in der bunten Welt der Werbung. Trotzdem ergänzen wir uns prächtig:

Anne weiß, wie man Ayurveda richtig ausspricht und dass ich wegen Feng-Shui meinen Klodeckel zumachen muss, und ich berate sie im Gegenzug kompetent beim Shoppen. Ich schlucke solidarisch mit ihr Schüßler-Salze, dafür tut sie konsequent so, als würde es ihr schmecken, wenn ich koche. Anne ist super. Und wenn sie ihre Glücksaura-Kette auf meinen Lottoschein legt oder mit Bergkristallen eine Karaffe Rotwein statt Wasser mit Energien aufladen will, muss man sie einfach gern haben.

Ebenfalls mit von der Partie ist meine Freundin Jana. Jana hat, im Gegensatz zu Anne, eine äußerst pragmatische Art, die Dinge zu sehen. Motherdrum-Lounge und Metatron-Lichtstab können sie nicht überzeugen. Im Gegenteil, die Ankündigung im Programmheft *Dr. Mario Max Prinz zu Schaumburg-Lippe live mit seiner persönlichen Karma-Ablösung und dem Seminar Hellsicht compact* lassen sie beinahe einen Rückzieher machen: »Karma-Ablösung? Ist das eine Krankheit? Und wenn das ansteckend ist?«

Mit der Aussicht auf ein paar anschließende Cocktails ist sie aber dann doch voller Vorfreude dabei: »Meinetwegen, weil ihr's seid.«

Die Lebensfreude-Messe

Im Eingangsbereich der Kongresshalle, in der die Messe stattfindet, trauen Jana, Anne und ich unseren Nasen nicht: »Das riecht doch hier nach, nach … Shit!«, spricht Jana aus, was uns allen dreien durch den Kopf schießt. Kein Zweifel, hier hat jemand ganz eindeutig Marihuana geraucht! »Die machen ja wirklich ernst mit ihrer Lebensfreude«, freut sich Jana und unsere Laune steigert sich noch, als wir zu unserer Eintrittskarte eine *wunderbare Wundertüte* geschenkt bekommen. Dabei handelt es sich jedoch nicht um einen Joint, sondern um einen Umschlag mit Überraschungen, was ja auch toll ist. Also zumindest mitteltoll, darin befinden sich nämlich:

- ein Päckchen mit »Friedenssamen«, die sich bei genauerer Betrachtung als Sonnenblumensamen herausstellen,
- ein Lesezeichen mit einem Einhorn drauf, das Jana mit spitzen Fingern in die Höhe hält,
- Informationen über die Kraft des Urgesteins *Tesit*,
- ein Anmeldeformular zum roh-veganen Rezeptwettbewerb in der Kategorie Meeresspaghetti,
- Informationen über ein kleines Fläschchen mit pastellfarbenem Etikett, das energetisiertes Wasser, türkisen Farbstoff, Alkohol und nicht näher definierte Blütenessenzen enthält und für 33 Euro käuflich zu erwerben ist. Das Gute, so ein Vorzug des Produkts mit dem Namen *Seelentor*, ist, dass das Energiebild auf dem Etikett seine Wirkung nicht verliert und daher für lediglich 19 Euro vom Hersteller immer wieder aufgefüllt werden kann.
- Außerdem ist in der Wundertüte Werbung für: ein Bachblüten-Emotionsgetränk, Trinkampullen mit dem Namen *Frohnatur*, Einhorn-Aura-Sprays und handgearbeitete Kuschelen-

gel aus Frottee, die mit harmonisierender Energie aufgeladen wurden.

Jana verdreht die Augen. »Oh Mann. Die Cocktails später gehen auf eure Kappe.« Ich klopfe ihr aufmunternd auf die Schulter und es geht los: Wir betreten die Halle. Die Motherdrum-Lounge muss ganz in der Nähe sein, denn es wabern ein paar dumpf schwingende Töne durch die Luft. Zusammen mit einem Gemisch aus Räucherstäbchen-Aroma liegen sie über dem Gewusel aus Ständen, Gängen, Besuchern und Ausstellern. »Uiiii«, macht Anne neben uns und verschwindet in Richtung eines Standes, über dem in großen Lettern *Aura-Chakren-Fotografie* prangt.

Jana sieht mich fragend an: »Das gibt es wirklich? Ich dachte immer, das wäre so eine Art Parodie.« Weit gefehlt. Wie sich herausstellt, umgibt Anne ein überwiegend gelbes Energiefeld und während Anne sich diese Erkenntnis 50 Euro kosten lässt, sehe ich im auliegenden Flyer des Fotografen unter der Bedeutung der Farbe Gelb nach: Gelb steht für Charme, Klugheit, Intoleranz, Wärme sowie Egoismus und Ziellosigkeit; für Offenheit, Freude, Grübelei und für noch einige andere Dinge. Ich will Anne fragen, was sie davon hält, aber die ist schon in ein Gespräch mit dem Heiler und Handaufleger vom nächsten Stand vertieft. Der nickt ernst und ich höre ihn sagen: »Jaja, wenn's mechanisch blockiert ist, kann man energetisch nichts machen.«

Jana sieht mich Hilfe suchend vom Stand gegenüber an: Der Aussteller hat sie in ein Gespräch über ayurvedisch-indische Haarpflegeprodukte verwickelt, die er ganz exklusiv vertreibt. Besonders wirksam gegen Haarausfall, wie er betont. »Ich wusste gar nicht, dass du dahingehend Bedarf hast«, wundere ich mich und ziehe sie weiter. »Ich auch nicht«, sagt Jana dankbar und hält mir ein Faltblatt vor die Nase. Es zeigt ein Foto des Erfinders des Wunderhaarwuchsmittels, also von dem Mann, der behauptet, Glatzenbildung aufhalten und rückgängig machen zu können: Es ist ein etwa 60 Jahre alter Inder und er ist augenscheinlich ein

Sikh – Anhänger einer Religion, deren männliche Mitglieder sich ausschließlich mit einem Turban bedeckten Kopf in der Öffentlichkeit zeigen.

Gut gelaunt passieren wir den Stand einer russischen Heilpraktikerin, dank deren Wissen wir vermeiden könnten zu altern und zu sterben, und lassen die Präsentation eines Bauprojekts in Rumänien links liegen, das zu seiner Realisierung lediglich noch ein paar Sponsoren, Gönner, Stifter, Schenkungen, Investments, Erbnachlässe und Kredite braucht.

»Das da sieht doch ganz gut aus!«, strahlt Jana und deutet auf ein paar bequeme Sessel, an deren Rückenlehne auf Nackenhöhe eine Art Kissen befestigt ist. Darin befinden sich vier rotierende Kugeln. Drum herum stehen ein paar Verkäufer und bitten Platz zu nehmen, und diesmal nehmen wir das Angebot gerne an.

»Aaahh, ist das schön«, seufzt Jana. Mit geschlossenen Augen genießen wir die Massage der beheizten (!) Kugeln in unserem Nacken. »Ist ein super Messe-Angebot und nur dieses Wochenende gültig«, freut sich einer der Verkäufer über unser Wohlgefallen. »Sie können das Kissen auch unter die Beine legen oder an den Steiß, überall, wo es Ihnen guttut«, erklärt er weiter, woraufhin Jana und ich uns kurz ansehen – und grinsen. »Du setzt dich da jetzt nicht drauf«, raune ich Jana zu, die sich schon an der Befestigung des Kissens zu schaffen macht. »Ich habe keinen Bock, aus der Lebensfreude-Messe zu fliegen!«

»Schon gut«, schmollt Jana und wendet sich an unseren Verkäufer. »Was kostet das Kissen denn?«

»150 Euro im Angebot, statt den üblichen 249 Euro«, strahlt der über beide Ohren, woraufhin wir uns freundlich verabschieden. Ich habe inzwischen nachgeguckt: Wenn Sie auch in den Genuss kommen wollen, geben Sie bei Amazon »Shiatsu-Kissen« ein. Die kosten so um die 50 Euro.

Kurz darauf stehen wir in einer Musik-Ecke mit Klangschalen (so wie Obstschalen, nur aus Bronze, sehr hübsch) und zugehörigen Klöppeln, wunderschönen Holz-Xylofonen und mittendrin hängen verschieden große Gönge (was ist nur der Plural von Gong?). Unter anderem: ein großer Gong mit über einem Meter Durchmesser, der an zwei Seilen aufgehängt ist. Für gute Handwerkskunst habe ich ja etwas übrig, und das hier sind wirklich toll gemachte Sachen. »Das ist der Saturn-Gong«, höre ich eine tiefe Stimme hinter mir, und da steht ein großer Mann mit Vollbart und Fellweste. »Man muss ihn bei fünf und bei sieben Uhr schlagen«, brummt er freundlich und zeigt auf die beiden Stellen auf dem Gong und einen großen Klöppel in seiner Hand. »Warum?«, rutscht es mir heraus und der Öhi erklärt: »Die Wellen, die du damit verursachst, ordnen die Zellen im Körper neu. Der Zellenmüll wird dadurch abgetrennt und mit dem Trinken ausgeschieden, das verzögert den Alterungsprozess um ungefähr zehn Jahre.«

»Ach so!«, antworte ich. *Wie kommt man aus solchen Dialogen wieder raus?*, frage ich mich, und diesmal kommt mir der Zufall zu Hilfe: eine junge Mutter mit einem circa vierjährigen Kind ist sichtlich an den Klangschalen interessiert, woraufhin der Öhi sofort abdreht und vor dem Kind in die Knie geht, während er der Mutter erklärt: »Wir alle werden als perfekte musikalische Wesen geboren. Erst durch die Konditionierung verlieren wir die Fähigkeit, uns durch Töne, Klang und Rhythmus zu artikulieren.«

Das Kind sieht den Öhi begeistert an und entklöppelt ihn sofort. Jana und ich verschwinden zügig, aber es ist bis in die entfernteste Ecke der Messehalle zu hören: Wir werden definitiv nicht als perfekte musikalische Wesen geboren – oder dieser Vierjährige ist schon in Grund und Boden konditioniert.

Das Passieren der Reihen stellt sich übrigens mitnichten so einfach dar, wie Sie sich das vielleicht vorstellen: Kennen Sie diese Mitarbeiter von Restaurants, die vor dem Eingang eine aufgeklappte Speisekarte in der Hand halten und versuchen, möglichst viele Touristen in ihr Etablissement zu ziehen? So ähnlich geht das hier zu. Kaum passt man einen Moment nicht auf und es gibt einen Augenkontakt mit dem Standbetreiber, ist man auch schon in ein Gespräch über Chakren-Edelstein-Kissen verwickelt. Und wenn Sie sich abwenden, stehen Sie unter Umständen vor einem Mann, der Sie über seine Pilzpulverkapseln informieren will und dem Sie die ganze Zeit auf die schwarze Seidenkrawatte schielen, auf der ein paar handgemalte Eulen prangen.

Wenigstens sind wir zu zweit, da kann man sich gegenseitig davonziehen – apropos zu zweit: »Wo ist Anne?«

Suchend sehen wir uns um, was sofort einige Koreaner auf uns aufmerksam macht, die mit einem Lächeln und einem Gerät auf uns zukommen, das aussieht wie ein Vibrator mit Spikes. Noch bevor sie »Ionenenergie« sagen können, sehe ich aus dem Augenwinkel Anne winken und keine Sekunde zu früh. »Huhu, hier!«, rufe ich und schiebe uns an den enttäuschten Koreanern vorbei.

Anne steht vergnügt vor einem Tisch mit giftgrünem Schleim. »Green Smoothies!«, lächelt sie uns an und prostet uns mit einem Glas davon zu. »Was ist da drin?«, fragt Jana und blickt gebannt auf das Glas. »Keine Ahnung«, strahlt Anne und kippt sich den Inhalt in einem Zug hinter die Binde. Jana und ich beobachten sie gespannt. »Und?«, fragen wir gleichzeitig. Annes Nase kräuselt sich etwas.

»Guck mal«, grinst Jana sie an und deutet auf das ausliegende Info-Material: auf der Vorderseite prangt ein 1a Außerirdischer mit übergroßen Augen und Wasserkopf, »das ist frisch gepresster Kleiner-grüner-Männchen-Saft.«

Da bekomme ich ja jetzt auch Appetit: »Los, wir gehen zu dem Essensstand dort drüben«, schlage ich vor, und kurz darauf stehen wir etwas ratlos vor dem Tresen.

Lieber eine vegane Nussecke oder eine Dinkel-Kirsch-Krokant-Schnitte? Oder doch etwas Vollkornkäse ohne Milch? Aber was ist da dann drin? Wir entscheiden uns für den *Großen Teller Lebensfreude*, das klingt am besten.

Der Teller Lebensfreude besteht hauptsächlich aus Hülsenfrüchten mit verschiedenen Chutneys (Soßen, wie ich sie ja gerne nenne) und ist: gar nicht mal schlecht! Während wir löffeln, sehen wir uns die ganzen Zettel, Broschüren und Flyer an, die wir inzwischen gesammelt haben. »Eins verstehe ich nicht«, sagt Jana und wedelt mit einem Blatt Papier, auf dem die *Irisdiagnose aus dem fernen Osten* propagiert wird. »Wieso sollte eine Behandlungsmethode glaubhaft oder wirksam sein, nur weil irgendein chinesischer oder indianischer oder tibetanischer Quacksalber das vor 2000 Jahren gemacht hat? Ich meine, vergleicht doch nur die medizinischen Systeme und die Lebenserwartung im Jahr 3 nach Christus und heute! Wenn jemand, sagen wir, ein Haus baut, dann probiert er es doch auch nicht erst mit den ›uralten Architekturkünsten der Ägypter‹, oder?«

Jana deutet auf ein Merkblatt, auf dem ein Mittel zur Krebsbekämpfung präsentiert wird, und kommt derart in Rage, dass der Rutengeher vom Stand nebenan nervös wird. So wie Jana geht es vielen, und auch ich bin nicht verschont davon: Sobald Krankheiten ins Spiel kommen, ist Schluss mit lustig. Sofort hat man verzweifelte Menschen vor Augen, deren Leiden von obskuren Heilern ausgenutzt wird, indem sie ihnen einen letzten Strohhalm, eine letzte Hoffnung bieten. Da kommt einem die Galle hoch, ganz klar.

Alles jedoch, was unterhalb dieser Liga spielt, könnte von Ungläubigen immer noch als originelles Hobby hingenommen werden. Und auch wenn man natürlich durchaus darauf hinweisen könnte, dass hier einige der Interessierten definitiv einen an der Klatsche haben – na und? Mein Nachbar macht »Ultramarathon«, das heißt, er rennt Strecken über 87 Kilometer – bergauf und zu Fuß! Also wenn der keinen an der Klatsche hat, dann weiß ich auch nicht. Trotzdem regt sich kein Mensch derart emotional über beispielsweise Extremsportler auf wie über die Aura-Chakra-Fotografen. Und wenn die Leute Geld ausgeben wollen für ein Einhorn-Spray (Oh Gott – da fällt mir ein: was ist da eigentlich drin?), dann sollen sie doch, ist ja ihr Hobby. Ich meine, daran gemessen, was meine Mutter für ihr Hobby, nämlich ihren Hund, ausgibt, davon könnte man den einen oder anderen Baggersee mit Einhorn-Spray füllen!

»Es sind ja auch mehr diejenigen, die den Leuten das Geld aus der Tasche ziehen mit so einem Scheiß, die mich aufregen, nicht die Konsumenten«, rechtfertigt sich Jana und ich verstehe sie vollkommen. Trotzdem: Eine andere Branche, die den Leuten ebenfalls das Geld aus der Tasche zieht, und zwar noch viel perfider, und allein in Deutschland knapp 200 000 Süchtige hervorbringt, nämlich die Glücksspielbranche, provoziert lange nicht so eine emotionale Kritik. Komisch, oder? Und das, obwohl man da am Ende eines Glücksspieltages gar nichts in der Hand hat – also nicht mal ein Einhorn-Spray oder einen Frottee-Engel.

»Aber ein Betreiber eines Spielkasinos versucht nicht, dir einzureden, dass die Menschheit von Kräften gesteuert wird, die sich mit Verstand und Vernunft nicht erklären lassen«, wirft Jana wütend ein, und vermutlich wäre die Diskussion noch richtig interessant geworden, aber Anne schreit plötzlich auf: »Oh nein! Jetzt verpassen wir gerade den Vortrag über den Metatron-Lichtstab!« Wie blöd, wie konnte das passieren! Wir hetzen den Gang entlang in Richtung des Saals Nummer 9, auf dessen Türe prangt auch schon das Plakat:

Der Metatron-Lichtstab
Kosmisches Werkzeug der neuen Zeit

Und ich verlese mich prompt: »*Komisches* Werkzeug der neuen Zeit?« Leider ist die Vorstellung wohl gerade vorbei, denn die

Tür geht auf. Vermutlich, weil es in unserem Seelenplan so vorgesehen ist oder weil wir nur einfach die drei Glückshasen sind, können wir zu unserer großen Freude einen Blick auf den Metatron-Lichtstab werfen, der wird nämlich gerade zur Tür hinausgetragen, und ganz ehrlich: *Komisches* Werkzeug der neuen Zeit trifft es ganz gut:

Der Metatron-Lichtstab ist ungefähr 40 Zentimeter groß. An einem Stab, der aussieht wie ein mit Kieseln gefüllter Plexiglas-Stab, ist eine Feder befestigt und oben an der Feder baumelt ein Konstrukt aus zwei pyramidenförmigen Gestellen. Ich male Ihnen das mal eben auf: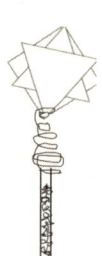

Während das kosmische Werkzeug der neuen Zeit an uns vorbeigetragen wird, schunkelt das Pyramidengestell leicht hin und her, genau wie – kennen Sie noch diese Haar- oder Stirnreifen, an denen zwei Draht-Antennen wie Fühler befestigt waren, gerne mal mit roten Herzen am Ende? Die man heute noch manchmal bei Junggesellinnenabschieden sieht? genauso schwankt der Pyramidenkopf auf seinem Stab hin und her.

»Das ist nicht deren Ernst«, sagt Jana.

»Doch«, antworte ich und ziehe den zugehörigen Flyer aus der Tasche: »Der Metatron-Lichtstab schwingt sich in unser Energiefeld Schicht für Schicht ein, reinigt, klärt und befreit.«[2]

»Bekomme ich jetzt die versprochenen Cocktails?«, fragt Jana und sieht uns flehend an. »Klar«, lachen Anne und ich, hängen uns bei ihr ein und zelebrieren in einer nahe gelegenen Bar ausgiebig Lebensfreude – ganz ohne Lichtstäbe, Gönge und Einhörner.

---

2 Quelle: http://www.metatron-lichtakademie.de/Lichtstab.html

Als Inspiration für das Projekt »Geistige Erfüllung durch Spiritualität« war die Messe vielleicht nicht hundertprozentig das Richtige, aber eine verlorene Schlacht ist noch lange kein verlorener Krieg: Werden wir doch sehen, ob nicht doch ein bisschen Spirit zu finden ist …

Die Engelschule

Mein Vorhaben, mich spirituell weiterzubilden, stößt zu Hause nicht ausschließlich auf Begeisterung: »Kannst du nicht stattdessen einen Italienisch-Kurs auf der Volkshochschule machen oder so was?« Wir bereiten zu Hause das Abendessen vor und L. steht in der Küche vor der Spüle und sieht besorgt aus. Sehr besorgt. So besorgt wie ein Mann nur aussehen kann, der gerade Hühnchenteile säubert.

»Die Volkshochschule zählt nicht als spirituelle Welt«, antworte ich und schenke uns ein Bier ein, »und Anne hat recht, man sollte über die Dinge Bescheid wissen, bevor man sich ein Urteil erlaubt. Du könntest sie auch mal ernster nehmen!«

L. sieht mich verdutzt an: »Anne ernst nehmen? Verstehe mich nicht falsch, ich mag Anne, aber Anne glaubt auch, dass man sich von Licht ernähren kann!«

»Ja«, nicke ich zustimmend, »das war aber nur eine Phase – und sie hat ganz schön abgenommen in der Zeit.«

L. sieht leicht verzweifelt aus: »Und wenn du plötzlich anfängst, mit Wünschelruten durchs Haus zu laufen? Oder mit Verstorbenen zu sprechen? Stell dir nur vor, deine Oma Hermine erscheint uns hier! Die machst dann aber du weg!«

»Keine Sorge«, lache ich, »so weit wird es schon nicht kommen. Ich will mich doch nur etwas umsehen – ich weiß nur noch nicht, wo ich anfangen soll!«

Während L. die Hühnchenteile abtupft und ich mein Bier trinke, überlegen wir beide, was ein geeigneter Einstieg in die Materie sein könnte.

Mit einem Lächeln im Gesicht dreht sich L. zu mir um.

»Wie wär's mit denen hier?«, zwinkert er mir zu und bewegt dabei zwei bleiche Hühnerflügel zwischen den Fingerspitzen auf und ab.

Ich sehe ihn verständnislos an. »Übersinnliche Hühnchen?«

»Du bist auch ein übersinnliches Hühnchen«, grinst L. »Nein, ich meine Engel! Beziehungsweise Schutzengel, die sind bei uns in der Arbeit gerade total angesagt.«

Nicht, dass Sie komische Vorstellungen von L.'s Arbeitsplatz bekommen: L. arbeitet gerade für ein Frauenmagazin. Dort sitzt er in einem Büro zusammen mit 28 Arbeitskolleginnen und ist seither, was Trends und Lifestyle angeht, schwer auf Zack.

Schutzengel ... während L. sich wieder dem Abendessen widmet, gehe ich ins Wohnzimmer und fahre den Computer hoch.

»*Ein **Schutzengel** ist [...] ein zum Schutz eines Landes, eines Ortes oder einer Person zugestellter Engel*«, weiß Wikipedia. Das ist ja wie in einem Monty-Python-Film: *zur Tür hinaus, linke Reihe anstellen, jeder nur einen Schutzengel!*

Mir persönlich schießen ja grundsätzlich immer zuerst die praktischen Fragen durch den Kopf:

1. Wenn jeder Mensch einen Schutzengel hat – und die Menschheit hat seit ihren Anfängen mengenmäßig ordentlich zugelegt – haben sich dann die Schutzengel auch vermehrt (und wenn ja, wie)? Oder teilen sich mehrere Menschen einen?

2. Wenn sich mehrere Menschen jeweils einen teilen, ist dann ausreichender Schutz überhaupt noch gewährleistet?

3. Wenn es Schutzengel gibt, wo war der Knaller dann, als ich mir beim Skifahren das Bein gebrochen habe?

4. Und wie halten die Engel es generell mit dem Elend der Welt: ziehen sie sich vor humanitären Katastrophen prinzipiell zurück oder liegt das nicht mehr in ihrem Kompetenzbereich?

Ich sehe mir im Internet noch ein paar Bilder von Schutzengeln an. Die sehen noch genauso aus wie auf den Fleißbildchen zu meinen Grundschulzeiten. Da hat sich optisch rein gar nichts getan. Business- oder Casual Look sucht man hier vergeblich und auch die Frisurenfrage stellt sich nicht: kein Bob, kein flotter Kurzhaarschnitt oder was Peppiges in Asymmetrisch. Die Dauerwelle ist nach wie vor das Must-have.

An diese pastellfarbenen Gestalten kann man nicht wirklich glauben, oder? Und wie die heißen! Ich habe Ihnen hier mal ein paar Namen aufgelistet:

- Vehuiah
- Hetziel
- Lavayah
- Nethahiah
- Vechuyah
- Hahahel (das ist kein Witz!)
- Vahoel
- Nememiah
- Damabiah

So heißen Engel! Engel heißen nie *Daniela* oder *Finn*.

Aber über solche Oberflächlichkeiten will ich hinwegsehen – bei den Bildern handelt es sich ja nicht um Fotos, sondern um die Vorstellung derjenigen, die sie gemalt haben. Man kann schließlich auch überzeugter Christ sein, ohne zwingend davon auszugehen, dass Gott einen Rauschebart hat und Augenbrauen wie Theo Waigel.

Die einhellige Meinung im Internet lautet, dass es sich bei den Engeln um Lichtwesen handelt und sie meistens als Lichtpunkte, Reflexionen im Augenwinkel oder ähnliche Licht-Phänomene wahrnehmbar sind. Eine Präsenz sei zu spüren, wenn sie bei einem sind, und ein wohliges Gefühl. Wie man es aber nun genau anstellt, um die Präsenz und das Licht zu bemerken, und woher man weiß, dass das Flackern eben der Schutzengel war und nicht das Fernspannwerk, das weiß ich nicht. Und das werde ich ändern.

»Eine was?«, fragt L. irritiert, als wir später am Küchentisch über den Hühnern sitzen und ich ihm meinen Entschluss mitteile.

»Eine Engelschule«, wiederhole ich mit einem abgeknabberten Hühnerflügel in der Hand, was mir in dem Moment fast etwas pietätlos vorkommt. »Da lernt man alles über Engel, Erzengel und Schutzengel« erkläre ich L. »Sie bringen einem bei, wie man mit seinem persönlichen Schutzengel Kontakt aufnimmt, wie man ihn wahrnimmt, ihn sieht und mit ihm kommuniziert! Man erfährt sogar seinen Namen!«

L. ist baff. »Engelschule«, wiederholt er und runzelt die Stirn. »Jepp«, nicke ich, »mit theoretischen Grundlagen und praktischen Übungen. Mehr kann man nicht verlangen, da habe ich mich gleich angemeldet.«

Ähnlich skeptisch wie L. reagiert meine Freundin Jana, als ich ihr am Telefon von meinem Plan berichte, mich in Sachen Lichtwesen unterrichten zu lassen. Ich kann ihre hochgezogenen Augenbrauen förmlich durch das Telefon sehen: »Engelschule? Hab ich noch nie gehört, wo gibt's denn so was?«

»In Pasing«, antworte ich freudig, was, für alle Ortsunkundigen, ein Stadtteil von München ist.

»Engel in Pasing?«, fragt Jana ungläubig. »Ich glaube dir kein Wort!«

Eine Woche später stehe ich pünktlich um neun Uhr morgens vor der Engelschule. Ich habe zwar keine konkrete Vorstellung davon, wie eine Engelschule aussehen soll, aber auf ein Reihenhaus mit Thujenhecke und Häkelgardine am Küchenfenster hätte ich nie getippt. Während ich zum fünften Mal Straßenname und Hausnummer überprüfe, öffnet sich die Haustüre mit Trockenblumenkranz und ein älterer Herr der Marke *rüstiger Rentner* winkt mich über den Pflasterweg heran. »Zur Engelschule?« Und schon stehe ich in einem kleinen, dunklen Vorraum vor einer gedrechselten Eichengarderobe und schüttle seine Hand. »Ich bin nur der Ehemann, wissen Sie, meine Frau und ihr Geschäftspartner machen das mit den Engeln«, klärt er mich auf und bedeutet mir, ihm zu folgen. Neben der Küche im 70er-Jahre-Stil öffnet er eine Brandschutztür, die in den Keller führt. *So fangen ein paar wirklich gruselige Filme an*, schießt es mir durch den Kopf. Filme, bei denen man verständnislos mit dem Kopf schüttelt, wenn das Opfer seinem Henker bereitwillig in den Keller folgt. *So doof kann man gar nicht sein*, denkt man sich, aber so doof kann man eben doch sein.

Unten angekommen, ist zur linken ein Heizkeller mit Schuhregalen und eine Kleiderstange für Mäntel, geradeaus geht es in ein kleines Klo (mit Häcksler, vom rüstigen Rentner selbst gebaut, wie er nicht ohne Stolz betont) und rechter Hand ist der Raum, der früher bestimmt der Hobbykeller war, jetzt ist er die Engelschule. Die Engelschule hat eine hüfthohe Holzvertäfelung und ist mit einem beigen Teppich ausgelegt. In einer Ecke steht ein Doppelbett mit jeder Menge Kissen und Tagesdecken und einem Stofflöwen obendrauf, in der anderen Ecke dominiert die Eicherustikal-Eckbank mit passendem Tisch, grün-rot geklöppelter Tischdecke und dem achtteiligen Kaffeeservice mit Goldrand. Vor jedem Teller steht ein Schokoladenengel.

Meine Mitschüler sind auch schon da, sie sitzen vor ihren Kaffeetassen und den Schokolade-Engeln und sehen mich an.

Wenn Sie ebenso gespannt sind wie ich, wer wohl außer mir noch so in eine Engelschule geht, ich stelle Ihnen meine Klassenkameraden gerne vor. Es sind fünf und auf den ersten Blick sehen sie ganz normal aus:

1. Miriam
   Miriam ist Ende 30 und sieht selbst aus wie ein Engel, dunkelblonde Locken umrahmen ihr herzförmiges Gesicht mit den hellblauen Augen, sie ist sorgfältig geschminkt und hübsch zurechtgemacht: Die Rüschen ihrer Bluse sind gebügelt, die Jeans sitzt perfekt und das Halstuch passt zum Gürtel und zu der Spange im Haar. Miriam ist »in der Modebranche tätig«, erzählt sie geschäftig, außerdem war sie schon mal hier, zum Schnupperkurs, und ich kann sie aus dem Stand nicht leiden.

2. Steffi
   Daneben sitzt Steffi, eine rundliche Buchhalterin von 28 Jahren, mit einer starken Brille und einem fantastischen bayerischen Akzent: »Grias di!«, strahlt sie mich an und beißt ihrem Schokoengel den Kopf ab.

3. Ruth
   Ruth ist Mitte 40 und hat umgesattelt von Deutschlehrerin auf Heilpraktikerin. Sie ist füllig und sieht weich und freundlich aus, eine Lehrerin, wie man sie gerne gehabt hätte. Sie trägt weite, wallende Gewänder in Rostfarben und eine Silberkette, an deren Ende ein großes, rundes Amulett über ihrem Busen baumelt.

4. Horst
   Der einzige Mann in der Runde ist 38 Jahre alt, sehr dünn, blass und schwitzt. Immer wieder wischt er sich mit einem Tempo über die Stirn und wo er seine Hände hinlegen soll, weiß er auch nicht recht. Man möchte ihm aufmunternd auf die Schulter klopfen.

5. Angela
Angela sitzt aufrecht hinter ihrem Gedeck und guckt streng. Sie ist zwar nicht älter als der Rest, aber sie hat einen harten Zug um den Mund und eine tiefe Furche auf der Stirn, was sie älter aussehen lässt. Sie ist streng katholisch erzogen worden und um ihren schmalen Hals hängt ein silbernes Kettchen mit Kreuz.

6. Ich
Ich sehe so mittel aus: mittelgroß und mitteldünn, ich habe braune, mittellange Haare und die Durchschnittsschuhgröße 39. Vermutlich grinse ich ein bisschen zu viel, das mache ich nämlich immer, wenn ich nicht weiß, was ich sagen soll.

Aus der Verlegenheit retten uns die beiden, die uns die Engel näherbringen sollen, unsere geistigen Führer und Mittler zwischen den Welten: Albert und Elke. Albert ist Ende 50 und trägt Föhnwelle. Elke, die Frau des rüstigen Rentners an der Haustüre, ist weißblond und eine attraktive ältere Dame in hellblauem Strick.

Irgendwie war die Idee mit den Engeln bis zu diesem Zeitpunkt nichts weiter als das: eine nette Idee, wie man das Thema der spirituellen Erfahrung angehen könnte. Ein Appetizer sozusagen. Mit gewohnter Sorglosigkeit bin ich hier hereingeschlittert, Engel klangen für mich harmlos, luftig und leicht, aber jetzt, im Hobbykeller ist gar nichts mehr luftig und leicht. Hier wird es ernst.

»So«, klatscht Albert in die Hände, »dann wollen wir uns mal vorstellen!« Spricht's und fängt gleich an. Er, der Albert, war früher nämlich Informatiker. Ich bin mir nicht sicher, aber wahrscheinlich meint er mit »früher« die engellose Zeit vor DEM Erlebnis. DAS Erlebnis von Albert war ein Besuch bei seinem Hausarzt. Grund dafür war ein komischer, dunkler Fleck an seinem Oberschenkel, der früher dort nicht war. Der Arzt entnahm also eine kleine Probe und schickte sie in ein Labor. Zwei Wochen später könne Albert wiederkommen und das Resultat abholen. Im Wartezimmer des Arztes lagen diverse Broschüren und Infoblätter herum und Alfred steckte eines davon in seine Manteltasche. Es war eine Broschüre über schwarzen Hautkrebs. Albert diagnostizierte selbigen sofort bei sich selbst und rechnete sich eine Lebenserwartung von drei bis vier Monaten aus. Miriam neben mir schlägt sich die Hand vor den Mund, dass die Locken wackeln, und sieht angemessen erschüttert aus.

Albert sprach also zu Hause mit seiner Frau, was im Falle des Falles zu tun sei, und nach den besagten zwei Wochen ging er schweren Schrittes die Resultate abholen. Es war dann überraschenderweise doch nicht schwarzer Hautkrebs, wie Albert vermutet hatte, sondern ein eingewachsenes Haar. Miriam atmet erleichtert aus, ich hingegen pruste heraus:

»Haha! Das ist ja wie bei uns zu Hause!«

L. hatte nämlich schon einen Gehirntumor, der sich als ordinärer Kopfschmerz herausgestellt hat, außerdem mehrere Erkältungen, die beinahe tödlich verlaufen wären, und letztens während dem Joggen einen Herzanfall, der sich als Seitenstechen entpuppte – und zwar auf der *rechten* Seite. Ich erzähle L.'s Krankheitsgeschichten auch immer gerne, und das ist immer ein großer Bringer, aber Albert lacht komischerweise gar nicht. Vielmehr bekommt seine Stimme einen tragenden Unterton, denn in diesen zwei Wochen des Wartens (also im Angesicht des sicheren Todes) hat er sich die Lebensfrage gestellt: *War das alles?* Das war ausschlaggebend für seine weitere spirituelle Entwicklung.

Ruth und ihr Amulett nicken eifrig, so eine Art Erweckungserlebnis hatte sie auch: Bei ihr war es ein Autounfall, der sie zur Frage *Ist das alles im Leben?* brachte. Daraufhin schmiss sie den Job als Deutschlehrerin hin, denn das kann verständlicherweise wirklich nicht alles gewesen sein, und widmet sich seither der Heilerei. Darum ist sie auch hier: Sie erhofft sich eine Verbesserung ihrer Heilerqualitäten durch die Engel. Steffi, die ihren Schokoengel inzwischen aufgegessen hat, sieht betrübt in die Runde. Sie hat vor einiger Zeit ihren Vater verloren. Seither war sie bei einem Medium, das sie stark beeindruckt hat. »Die hot echt oiß g'wusst!« Und jetzt sucht sie Kontakt zu dem Verstorbenen durch die Engel, was ihren Freund zu Hause stark irritiert: »Der moant, i spinn!«

Die engelsgleiche Miriam nickt verständnisvoll. Ihr Freund dachte damals, sie wäre auf Drogen, als sie ihm erzählte, sie glaube an Engel, und der Vater schickte ihr prompt einen Sektenbeauftragten auf den Hals.

Albert und Elke murmeln zustimmend und Albert wendet sich erwartungsvoll Horst zu, der gleich ein paar hektische Flecken am Hals bekommt. »Ich hatte auch ein Erlebnis«, schluckt Horst und sieht abwechselnd auf seinen Teller und zu Albert, der, ausdauernd wie ein Wackeldackel, aufmunternd nickt. Horst hat anscheinend einen mörderstressigen Managerjob, der ihm kurz nach seiner Versetzung in eine neue Stadt derart zusetzte, dass er morgens eine Stunde früher aufstand, um zu meditieren und sich zu beruhigen, bevor der Arbeitstag überhaupt losging. An so einem Morgen fiel sein Blick auf die Bibel, die er im Regal stehen hatte, er schlug sie an einer beliebigen Stelle auf und da stand:

Endlich ist er demütig geworden!

Dieser Satz hat den überspannten Horst anscheinend wie ein Blitz getroffen und noch jetzt, als er uns davon erzählt, ist er sichtlich bewegt. Bei dem Wort »Bibel« hat sich die strenge Angela etwas gestreckt, Angela hatte nämlich eine Muttergottes-Erscheinung, sagt sie, und nun sucht sie »das Tor« zu den Engeln. Steffi und ich reißen die Augen auf: »D' Maria!«, entfährt es Steffi, der Rest nickt.

»Und du? Warum bist du da?«, stupst mich Miriam von der Seite an. Das ist mir jetzt fast ein bisschen peinlich, dass ich so gar keinen übersinnlichen Knaller zum Besten geben kann. »Ich, äh, ich wollte wissen, ob es Engel gibt ...«, stottere ich, und alle sehen mich irritiert an. Ich hätte einfach sagen sollen, mir wäre ein Elefant mit vier Köpfen erschienen, dann hätten sie alle genickt.

»Na denn!«, beschließt Albert die Runde und wendet sich an die ältere Dame in Strick, »Elke hat die Reiki-Einweihung zweiten Grades[3] und sie hat Kontakt zu Engeln«, was Elke mit einem Lächeln quittiert. *Elke hat außerdem den Hobbykeller*, fügt eine kleine, böse Stimme in meinem Kopf hinzu.

Es gibt noch einmal Kaffee für alle, dann geht es los mit dem Unterricht. »Was sind Engel?«, fragt Albert in die Runde und liefert uns auch gleich die Erklärung. Halten Sie sich fest:

Als das Universum noch ein instabiler und undefinierter Sauhaufen war (er hat das irgendwie anders ausgedrückt), da entfaltete sich irgendwann das Bewusstsein, genannt das Alles-Ist oder Alles-Eins, und fertigte 150 Kopien an. Bevor Ihnen auch Bilder aus dem Büroalltag in den Kopf kommen: Es fertigte Kopien *seiner Selbst* an, nicht irgendwelche Kopien (es gab ja noch nichts anderes). Diese 150 Kopien sind die Erzengel. Die 150 Erzengel machten auch wieder 150 Kopien von sich, das wären dann die Engel, und jetzt, man glaubt es kaum, machen die auch wieder 150 Kopien, und das sind dann die sogenannten Guides oder Konsule. Weil die, Sie erraten es vermutlich, ebenfalls 150 Kopien anfertigen, entstehen daraus, in der vierten Ebene sozusagen, die Vollseelen. Alle diese Kopien inklusive Vollseelen befinden sich im Jenseits. Und alle dort im Jenseits haben, sofern ich alles richtig verstanden habe, das große Problem, dass sie selbst keine Gefühle haben können.

Also, nicht blöd, beschließt die Vollseele, welche emotionalen Erfahrungen konkret sie machen will und schickt dann einen kleinen Teil von sich (die Teilseele) auf die diesseitige Welt. Und das

---

[3] Reiki: irgendwas mit Hand auflegen und Energie und heilen, fragen Sie mich nicht, ich bin auch neu hier.

sind, juppheidi: wir. Wir machen dann auf unserem Lebensweg diese ganzen vereinbarten Erfahrungen, verschmelzen nach unserem Tod wieder mit der Vollseele und liefern so die bestellten Gefühle. Jetzt wissen Sie Bescheid.

Miriam neben mir nickt fleißig, sie kennt das schon. Albert beugt sich kurz in ihre Richtung und fragt sie mit gedämpfter Stimme: »Hast du das mit der Lisbeth gelesen? Wie sie verschmolzen ist, in Liebe und Licht?« Hat sie. Natürlich.

»Wenn also«, melde ich mich dazwischen, »wenn ich zum Beispiel auf der Autobahn von einem Geisterfahrer erwischt werde, dann habe ich mir das vorher selbst ausgesucht?«

»Genau«, nickt Albert lächelnd, »alles, was uns passiert, ist vorbestimmt. Wenn beispielsweise ein Kind bei der Geburt stirbt, dann will das Kind nur erfahren, wie es ist, geboren zu werden. Und die Eltern haben sich im Jenseits ebenfalls einverstanden erklärt, in ihrem Leben diese Erfahrung zu machen.«

Ich kann mir zwar vorstellen, dass einige betroffene Eltern das vehement bestreiten, aber ich muss einfach weiterfragen:

»Und dass die Kindersterblichkeit zurückgegangen ist, das hat dann gar nichts damit zu tun, dass die ärztliche Versorgung besser geworden ist, sondern …«, lasse ich den Satz unvollendet und Albert beschließt ihn: »… sondern damit, dass weniger Seelen beschließen, diese Erfahrung zu machen.«

Horst ruckt auf seinem Stuhl herum: »Wenn alles vorbestimmt ist, also hatte ich dann, ich meine, wenn ich einen schlimmen Fehler gemacht habe, hatte ich dann überhaupt eine Wahl?« *Armer Horst, was ist denn dir nur passiert?*, frage ich mich im Stillen.

»Du hast immer eine Wahl«, antwortet Albert, gütig wie ein Dorfpfarrer, »solange es im Lebensplan der Beteiligten vorgesehen ist.«

Wenn Sie sich jetzt auch fragen, woher dieses detaillierte Wissen über das Jenseits kommt: Einige der »Konsule« oder »Guides« sind für die Aufklärung zuständig. Unseren Albert haben sie sogar mitten in der Nacht geweckt. Sie haben ihn dazu gebracht, sich an den Computer zu setzen, und ihn auf die richtige Internetseite gelotst. Da hat er sich dann ein 400-seitiges Dokument durchgelesen und dann wusste er Bescheid. Allmählich wird es mir etwas zu stickig im Keller.

Die ehemalige Lehrerin Ruth meldet sich mit dem Zeigefinger, wie vermutlich früher ihre Schüler: »Wie sehen die eigentlich aus?«, fragt sie zaghaft. »Nun ja«, sagt Albert, »das ist immer anders. Manche sehen sie als verschwommene Gestalten, als Lichtblitze oder auch als Tiere oder Pflanzen. Eine Bekannte hat ihren Engel als Baum gesehen – das war ganz erstaunlich, denn die Frau liebt Bäume, sie umarmt sie!« Das finde ich allerdings auch erstaunlich – also das mit dem Bäume-Umarmen.

»Also Moment a mal«, wirft Steffi ein, »I hob's no net so ganz. Wenn i bloß a Teilseele vo meiner Vollseele bin – wie viel Teilseelen gibt's dann außa mir? Und san da grad mehr unterwegs oder immer bloß oane?«

Berechtigte Frage. »Das«, nickt Albert ihr zu, »das könnt ihr nachher alles eure Engel fragen.«

Wie die Engel uns sehen, das weiß Albert glücklicherweise auch: Als kleine Funzeln (oder hat er »kleine Lichter« gesagt?) – jedenfalls leuchten wir in dem Moment, in dem wir Emotionen haben, auf »wie 100 Scheinwerfer.« Außerdem sind sie begeistert, wenn wir versuchen, Kontakt aufzunehmen, sagt Albert. Wir hätten wohl jeder so ein bis drei Schutzengel, in der heutigen Zeit oftmals mehr, und die meisten von uns haben sogar einen Erzengel dabei. Das bringt mich ja zu meiner praktischen Frage nach der Machbarkeit: Die Erzengel müssen sich ja förmlich zerreißen bei über 7000 Millionen Menschen. Aber auch darauf weiß Albert eine Antwort: So ein Erzengel besteht ja aus purer Energie – und

Energie kann man teilen: Voilá! Die Zahl 150 darf man auch nicht so genau nehmen, sagt Albert, letztes Jahr habe das Jenseits gesagt, es wisse von 176 Erzengeln – einen konkreten Überblick hat da allerdings nur das Alles-Eins, aus dem alles entstanden ist, also der Oberboss. Und das ist wie im richtigen Leben: den bekommt man nicht zu sprechen.

Ich würde jetzt wirklich gerne mit den praktischen Übungen anfangen, mir wurde ein Engel versprochen, und den will ich jetzt auch sehen! Aber es sind, verständlicherweise, noch Fragen offen. Angela, der katholische Profi mit Marienerscheinung, will es genau wissen: »Was ist mit den Seraphim und den Cherubim? Gibt es die?«[4]

Albert sieht sie einen Moment sprachlos an, dann schaltet sich Elke rettend ein:

»*Die Seraphim sind ganz oben*«, sagt sie mit zarter Stimme, »*aber hinter und in allem ist das Göttliche, das sich erfahren will. Durch uns und alles, was ein Bewusstsein hat.*« Sie hat eine wirklich angenehme Stimme, sanft und freundlich und die Sätze klingen wie eine beruhigende Melodie aus ihrem Mund: »Wir alle haben einen Schutzengel, der uns nie verlässt, sondern uns bedingungslos beisteht. Wir brauchen keine Angst vor den Schutzengeln zu haben, sie haben unendliche Geduld mit uns und verbreiten nur positive Gefühle …«.

Da schaltet sich Albert wieder ein: »Ganz anders als manche Fopp-Geister zum Beispiel!«, triumphiert er und hält dabei einen Zeigefinger in die Höhe.

Ruckartig sind alle Köpfe wieder bei ihm und sehen ihn fragend an. »Ja, das kann schon mal passieren, die gibt es«, fährt Albert zufrieden fort, »wenn man zum Beispiel Verstorbene ruft, dann geben Fopp-Geister sich manchmal für denjenigen aus oder spielen Streiche.«

---

[4] Seraphim und Cherubim sind anscheinend spezielle Engel-Rassen.

Ich statte der Toilette mit Häcksler einen Besuch ab. Wenn hier nicht bald ein Engel auftaucht, habe ich die Schnauze voll. Als ich zurückkomme, erzählt Albert gerade vom Ende der Welt, zumindest dem Ende der Welt, wie wir sie kennen, und er meint damit nicht, was meine Mutter immer meinte, wenn sie mir früher damit drohte. Über den Untergang der Welt scheint aber sonst ein gewisser Konsens zu bestehen: Alle nicken einvernehmlich, das ist anscheinend beschlossene Sache. »Deswegen«, erklärt Albert weiter, »sind derzeit auch besonders Viele von anderen Planeten hier inkarniert.« Außerirdische also. Na, Prost Mahlzeit. Wenn ich das L. erzähle.

Mir ist das im Moment egal, ich warte auf meinen Engel. Aber vorher gibt es Mittagspause. Gegenüber der Engelschule ist ein Park und da will ich hin mit meiner Butterbreze, Ruth und Horst kommen mit. Es ist ein schöner, warmer Herbsttag, die Sonne scheint und bunte Blätter liegen auf den Wegen. In dem Moment kommt es mir völlig absurd vor, in einem dunklen Hobbykeller nach Lichtwesen zu suchen. Gemeinsam schlendern wir an einer Wiese vorbei, auf der ein paar junge Hunde spielen, die zugehörigen Besitzer stehen am Rand und unterhalten sich und lachen. Ein Kinderspielplatz ist hier auch, da wird gejauchzt und in einer Ecke des Sandkastens entsteht gerade eine Sandburg. Ein Eichhörnchen läuft neben uns zum nächsten Baum und flitzt in die Höhe, irgendwo spielt jemand am offenen Fenster Klavier und es riecht nach Herbst und Moos und fallenden Blättern. Horst bekommt von all dem nichts mit. Er geht mit gesenktem Blick und runzelt die Stirn. »Das mit den Cherubim und denen habe ich nicht verstanden.«

»Scheiß drauf!«, strahle ich ihn an. »Wir gehen jetzt da rein und sehen uns unseren Schutzengel an! Und hoffentlich sieht er nicht so aus wie Albert!«, versuche ich ihn aufzuheitern. Horst zieht einen Mundwinkel nach oben, immerhin.

Als wir wieder in unserem Keller ankommen, sind Albert und Miriam in ein ernstes Gespräch vertieft. Steffi lächelt uns entgegen, mit etwas Schokolade im Mundwinkel, und Ruths Schokoengel fehlt.

»So!«, klatscht Albert in die Hände, »dann wollen wir mal!« Jetzt soll es also wirklich losgehen, ich bin gespannt. »Wenn ihr gleich eure Engel trefft, dann könnt ihr sie alles fragen, was ihr wollt«, erklärt Albert. »Auch nach den Lottozahlen von nächster Woche?«, rufe ich dazwischen. Ich werde, wie immer in Erwartungsstimmung, etwas albern. »Natürlich«, nickt Albert und lächelt, »aber ihr werdet nur Antwort erhalten, solange es euren Lebensplan nicht beeinflusst.« Habe ich mir doch gedacht, dass da wieder ein Haken dran ist.

Er dreht sich zu Elke. »Was meinst du? Sollen wir mit der Herzöffnung beginnen?« Für einen kurzen Moment muss ich wieder an einen Horrorfilm denken, wobei ein manisch grinsender Albert mit einer laufenden Kettensäge in den Händen genau diese Frage stellt. Tatsächlich soll uns aber nur ein Lied vorgespielt werden. Es ist das Hooponopono-Lied des Vergebens und Verzeihens von hawaiianischen Schamanen. Wir sollen es mit geschlossenen Augen anhören und an einen Menschen denken, den wir um Verzeihung bitten wollen.

Mir fällt ja bei so spontanen Anordnungen immer niemand ein, und das liegt mit Sicherheit nicht daran, dass es einfach niemanden gäbe, bei dem ich mich entschuldigen müsste. Ich entscheide mich also der Einfachheit halber für L. Bei dem gibt es zwar keinen aktuellen Anlass, weswegen ich ihn um Verzeihung bitten müsste, aber bestimmt gibt es bald wieder einen.

Wir schließen alle die Augen, ich lächle ein bisschen bei dem Gedanken an L. und warte auf die hawaiianischen Klänge. Es ertönt eine Musik, wie man sie sich auf einer Entspannungs-CD vorstellt, und dann fängt eine männliche Stimme an zu singen. Und zwar nicht auf Hawaiianisch, sondern auf Englisch:

Forgive me / I'm sorry / I love you / I need you ...

Zwischen den Sätzen tönt es immer »*Hooponopono* ...« – vermutlich der hawaiianische Teil des Meisterwerks. Und wieder von vorne.

Kennen Sie das, wenn man sich in die Backeninnenseiten beißen muss, weil man sonst unangemessen laut herauslacht? Genau das mache ich. Ich will hier echt nicht die Erste sein, die vor Lachen vom Stuhl rutscht, denn dass das gleich passiert, ist klar wie Kloßbrühe.

Neben mir höre ich schon ein zartes Wimmern, das muss Miriam sein, die kann sich bestimmt auch nicht mehr lange zurückhalten. Jetzt höre ich noch einen unterdrückten Laut aus der anderen Ecke.

Neugierig blinzle ich in die Runde, gleich würde ich Miriam in die Augen sehen, die vermutlich gerade die Lippen aufeinanderpresst, und wir werden uns schallend lachend mit den Händen auf die Oberschenkel schlagen. Was ich aber tatsächlich sehe, als ich die Augen ganz öffne, ist eine aufgelöste Miriam, die sich die Hände vors Gesicht hält und weint. Daneben ein knallroter Horst, den es vor unterdrücktem Schluchzen schüttelt, und auch Angela laufen die Tränen über das schmale Gesicht und tropfen auf ihren Hals und das Silberkettchen mit dem Kreuz.

Steffi und Ruth sehen genauso erschrocken aus, wie ich mich fühle. Die Einzigen, die unbeirrbar lächeln und nicken, sind Albert und Elke.

Ich streichle Miriam über den Rücken und reiche ihr meine Serviette mit den goldenen Schnörkeln darauf.

»Danke«, schnieft sie und Steffi, Ruth und ich verteilen in blindem Aktivismus alle Servietten auf dem Tisch an die drei Rotznasen. Ich mache mich wieder auf den Weg zu meinem privaten Rückzugsgebiet, der Toilette mit Häcksler, und als ich an Horst vorbeigehe, drücke ich ihm kurz die Schulter, er zuckt zusammen.

Als ich zurückkomme, haben sich alle einigermaßen beruhigt. Es wird noch getupft und geschnäuzt, aber es fließen wenigstens keine Tränen mehr.

Die Brandschutztür geht auf und der rüstige Rentner kommt die Treppe herunter und biegt in den Heizkeller ab. Er zieht sich Schuhe und Lodenmantel an und linst zu uns herein. Auf die verheulten Gesichter und die Schokoladenengel. Der hält uns bestimmt allesamt für komplett irre.

»Wir werden noch eine vorbereitende Übung machen«, sagt Albert so sanft wie möglich und Elke nickt dazu. *Hoffentlich nicht wieder was zum Heulen*, denke ich.

Jeder von uns bekommt einen Umschlag aus Alufolie mit verschiedenen Kräutern darin. Wir sollen die Augen schließen, die Kräuter einzeln herausnehmen und daran riechen. Kein Problem. Ich nehme eins nach dem anderen aus dem Umschlag, zerreibe sie zwischen den Fingern. Rosmarin, Thymian, Lorbeer, Salbei. Riecht ein bisschen wie L.s Rosmarinhühnchen.

»Fertig!«, rufe ich triumphierend.

Ziel der Übung war es aber gar nicht, alle Kräuter herauszufinden (was sehr schade ist, denn darin bin ich gut), sondern die Sinne zu aktivieren. Was wir dabei gedacht hätten, fragt Albert.

»Ich dachte: Was tue ich nur diesen Pflanzen an?«, sagt Miriam.

»An einen Spaziergang in Italien!«, sagt Ruth.

»An nix!«, sagt Steffi.

»An Rosmarinhühnchen!«, sage ich.

Der erste Kontakt

»Wenn ihr gleich auf euren Schutzengel trefft«, beginnt Albert und hat damit meine volle Aufmerksamkeit, »dann kann es sein, dass ihr ihn auf verschiedene Arten wahrnehmt. Vielleicht seht ihr ihn ganz klar und deutlich oder als ein Flackern, vielleicht spürt ihr aber auch nur seine Energie: Es wird euch wärmer, ihr bemerkt einen Duft, einen Windzug oder ein Streicheln. Vielleicht hört ihr einen Klang oder ein Klopfen, es wird auf jeden Fall spannend.«

Hoffentlich verstehen wir das Gleiche unter spannend, denke ich und es ist, als hätte Albert mich erwischt: »Wer zu sehr zweifelt, ist in seinem Verstand, nicht im Gefühl, dann geht es nicht.« Menno, irgendwas ist doch echt immer.

Wir legen uns alle im Raum verteilt auf den Boden, auf den Rücken und so bequem wie möglich. Ich blicke zur abgehängten Holzdecke hinauf und bin fast ein bisschen froh, als Albert sagt, wir sollen die Augen schließen.

»Eure Füße werden ganz schwer …«, höre ich seine sonore Stimme und dann führt er uns durch unseren gesamten Körper bis zum Kopf, wobei alles vorwiegend schwer und warm werden soll. Wird es das tatsächlich? Ich fühle nach und ja, das funktioniert. Ich stelle mir vor, wie ich im Boden unter mir einsinke wie in dickem Moos, und finde mich mächtig schwer und warm. Es funktioniert, es funktioniert, ich bin begeistert! Alberts Stimme plätschert dahin, ich höre ihn zwar, aber ich muss mich nicht auf das konzentrieren, was er sagt. Wenn das noch fünf Minuten so weitergeht, penne ich davon. Diesen Zustand können die Engel sehen, sagt Albert, und sie nähmen dann die Verbindung auf. Wir sollten genau spüren, was wir fühlen, und genau hinsehen, was wir sehen.

Meister, wir haben die Augen zu, was sollen wir da sehen?, denke ich und erschrecke prompt, weil das eindeutig der Verstand ist, der hier dazwischenfunkt. Ich versuche also wieder so schwer und warm wie möglich zu sein, nur zu spüren und mit geschlossenen Augen zu gucken. Ich kann verbuchen: ein Mal Kribbeln in der linken Hand. Außerdem sehe ich, was Sie vermutlich auch sehen, wenn Sie die Augen schließen und versuchen zu gucken: kleine, komische Mini-Lichteffekte im Hell-Dunkel-Kontrast. »Versucht, eine Farbe zu sehen«, tröpfelt die Albert-Stimme in mein Ohr, und ich gucke genau. Also am ehesten würden die helleren Muster, die da so flackern, noch als gelblich durchgehen. Vielleicht. Machen Sie das zu Hause ruhig auch, im Anschluss erzähle ich Ihnen dann, was die Farbe bedeutet, die Sie gesehen haben.

Dann bittet uns Albert, langsam wieder ins Hier und Jetzt zurückzukommen »… und wenn ihr angekommen seid, dann macht die Augen auf und setzt euch langsam auf.«

Da ist sie wieder, die abgehängte Holzdecke.

»Nun? Wie ging es euch?«, will Albert wissen.

»Also ich hatte ein ziemliches Grummeln im Darm«, sagt Miriam. »Da ist ganz schön was passiert in mir.« Verständnisvolles Nicken bei Albert und Elke.

Also ich habe zu Hause ja auch einen, bei dem ganz schön viel passiert im Darm, kommt es mir in den Sinn, und ich muss grinsen. Ansonsten wurde allen schön warm, Horst ist sich sicher, einen Luftzug gespürt zu haben, und ich kann mit meinem Kribbeln in der Hand aufwarten. Nur die strenge Angela schießt quer: »Ich habe nichts gespürt!«, woraufhin Albert sie enttäuscht ansieht: »Gar nichts? Keine Wärme, kein Gefühl, nichts?«

Angela schüttelt den Kopf: »Nur meine Schulter ein bisschen, aber das ist ja nichts!«

»Siehst du«, sagt Albert, »da gibt es bei dir ein Problem in der Vergangenheit. Du denkst, wenn du nur die Schulter spürst, dann reicht das nicht, es zähle nicht.«

Angela senkt den Kopf, »Ja, das stimmt. Meine Mutter hat mir schon immer gesagt, ich wäre nichts wert, es hat nie gereicht für sie …«, schnieft sie, und Steffi reicht ihr geistesgegenwärtig die letzte saubere Serviette. Albert und Elke lächeln und nicken, ich gehe wieder zur Toilette mit Häcksler.

Als ich zurückkomme, geht es um die Farben. Wenn Sie auch eine Farbe gesehen haben: hier ist die Auflösung:

→ Blau
Wer die Farbe Blau gesehen hat, so wie Horst, der hat die *Michaels*-Energie gesehen. Er (also *Michael*, nicht Horst) steht für ganz schnelle Hilfe, zum Bespiel wenn Sie einen Unfall haben, dann wäre für die spontane Rettung der *Michael* zuständig. Da passt ja das mit dem Blau-Licht der Rettungsfahrzeuge ganz gut – und für Horst passt eine ganz schnelle Hilfe auch ganz gut, finde ich.

→ Gelb-Golden
Das bin ich, das bin ich! Es ist die Farbe von *Jofiel*, erfahre ich. Der steht für Selbsterkenntnis und bringt Wärme, Licht, positive Gedanken und Weisheit des Herzens. Ich bin fast ein bisschen stolz.

→ Rosarot
ist der Erzengel *Hello Kitti-el*. Nein, natürlich nicht. Rosarot – bzw. alles von Orange bis Pink – steht für einen gewissen *Chamuel*, zuständig für Herzöffnung, Selbstliebe, Beziehung und Liebe.

→ Weiß
Das wäre dann der *Gabriel*. Spezialist für Reinigung, Neubeginn. *Gabriel* ist außerdem der Chef der Cherubim und der Seraphim (wir sprachen davon) und er ist auch derjenige, der Maria von ihrer unverhofften Schwangerschaft mit Jesus erzählt hat.[5] *Gabriel* ist so etwas wie »der Alte« beim Schafkopf: Der sticht alles.

---

5   Ebenso lustiger- wie unerklärlicherweise ist er außerdem der Schutzpatron der Postboten, Müllmänner, Diplomaten, Radiosprecher und der Fernmeldetruppe des deutschen Heeres.

→ Grün
Grün ist die Farbe von *Rafael*, der Körper, Geist *und* Seele heilt. *All in one*, sozusagen. Albert hat ihn mal wegen einer Netzhautablösung angerufen und wurde prompt geheilt. Allerdings bin ich mir nach der Sache mit dem »schwarzen Hautkrebs« nicht sicher, ob Albert statt einer Netzhautablösung nicht eine Wimper im Auge hatte.

→ Rot
Rot ist *Uriel*, er gibt Sicherheit, Urvertrauen und Lebenskraft.

→ Lila
Der Erzengel mit der Farbe lila ist laut Albert in Sachen Kommunikation nahezu eine Plaudertasche. Er heißt *Zadkiel* und er steht für Transformation, Loslassen und Vergeben.

Angela, die sich inzwischen erholt hat, hat die Farbe Weiß gesehen. Die mit der Marienerscheinung hat prompt die Farbe von Gabriel gesehen, dem Verkünder von Mariä Schwangerschaft! Passt wie Arsch auf Eimer! Allerdings hätte ihr auch etwas *Selbstliebe* oder *Loslassen* oder eine *Heilung von Körper, Seele und Geist* gut gepasst. Es ist ein bisschen wie bei den Horoskopen aus den Frauenzeitschriften: Mit ein bisschen gutem Willen passt alles irgendwie.

Die mit den Farben sind also die sieben Haupt-Erzengel, was ja schon toll ist zu wissen, aber was ist denn nun mit unseren persönlichen Schutzengeln? Ich habe ja gerne immer was ganz Individuelles, nur für mich. Die Extrawurst. »Zu denen kommen wir jetzt«, sagt Albert, »ihr werdet als Nächstes euren ganz persönlichen Engel kontaktieren und seinen Namen erfahren.«

Steffi sieht besorgt aus: »Und wenn der grod woanders is? Also net erreichbar?«

Albert winkt ab, Schutzengel sind immer *online*«, und bei *online* malt er ein paar Gänsefüßchen in die Luft. »Sie hören uns immer, nur wir hören sie oft nicht. Darum senden sie uns auch Zeichen.«

Wir sehen ihn alle fragend an. Zeichen? »Ja, zum Beispiel durch Zahlenabfolgen! Das ist euch bestimmt schon passiert, zum Beispiel bemerkt ihr ein Autokennzeichen vor euch mit dreimal der Zahl 9. Dann seht ihr im Supermarkt Preisschilder mit 9,99 Euro und am Abend parkt ihr – und zwar just vor der Hausnummer 9!«

Klar kenne ich das! *Tunnelblick* nennt man das. Zum Beispiel ist während der Zeit, in der ich mir überlegte, ein Kind zu bekommen, die Kinderwagendichte in unserem Viertel um ungefähr das Hundertfache angestiegen, ich schwöre! Die Woche vorher war noch alles ganz normal und plötzlich: Peng! Schwangere und Kinderwägen, wohin ich sah! Aber mal im Ernst: Wenn man Preisschilder, Autokennzeichen und Kinderwägen als Zeichen deutet, so schnell können Sie gar nicht *Michael hilf* sagen, wie sie da Betablocker verschrieben bekommen!

»Um den Namen zu empfangen«, unterbricht Albert meine Gedanken, »müsst ihr die Frage stellen: ›*Mit welchem Namen darf ich dich anreden?*‹, und dann müsst ihr genau hinhören.«

Steffi ist da noch was unklar: »Wia frog I den? Laut jetz, oder wia?« Aber Albert winkt ab: »Ihr fragt in Gedanken, telepathisch, als würdet ihr einen inneren Dialog führen, kennt ihr das?« Klar kennen wir das, das ist eine ganz normale Schaufenster-Situation, da fragt man sich auch innerlich: *Brauche ich das wirklich?* Und die innere Stimme antwortet: *Ja natürlich!*

Telepathie ist übrigens, falls Sie sich das mal gefragt haben, selbstverständlich ohne Weiteres möglich. Mit Menschen sei es mitunter schwierig, sagt Albert, aber mit Tieren können Sie problemlos plaudern. Da reicht es, sich ein Foto eines Tieres anzusehen! Sie stellen dann in Gedanken die Frage und erhalten prompt eine Antwort. Sagt Albert. Der hat sogar schon einen Schäferhund zum Philosophieren gebracht:

Um die Wirksamkeit der Telepathie vorzuführen, hat er während eines Abendessens bei Freunden den Schäferhund, der in einer

Ecke zusammengerollt auf seiner Decke lag, telepathisch aufgefordert: *Reflektiere über multidimensionale Lichtwesen*! Die Antwort hat dann alle vom Hocker gehauen, weil niemand sich erklären konnte, wie ein Tier auf so eine Antwort kommen kann. Die Antwort war: *Wir sind alle eins und ich bin eins davon.*

(Vom Hocker gehauen hat jedoch niemanden, dass der Schäferhund durch Albert spricht.)

Wir liegen also wieder am Boden und Albert macht die Warm-schwer-Nummer, nach ein paar Minuten ist es so weit:

»Und jetzt fragt euren Engel nach seinem Namen.« Ich frage also in Gedanken ›*Mit welchem Namen darf ich dich anreden?*‹ und lausche. Und lausche. Ich höre – Atemgeräusche (aber *cchhrrr* wird er schon nicht heißen). Eine Art hohen Ton im Ohr habe ich schon, so ein hohes Summen, aber wie beschreiben? Am ehesten klingt es nach was mit Ypsilon …

Gespannt sitze ich bald darauf wieder am Kaffeetisch. »Und, welche Namen habt ihr vernommen?«, fragt Albert in die Runde. »Gabriel!«, antwortet Angela prompt und zupft an ihrem Silberkettchen rum. »Gabriel, sehr gut. Und du?«, sieht mich Albert interessiert an. »Irgendwas mit – Yps?«

Um es kurz zu machen, wir haben: 3 x Gabriel, 1 x Michael, 1 x *weiß nicht* und einen Yps.

»Wie hoaßt eigentlich dei Schutzengel?«, fragt Steffi und wir sehen alle Albert erwartungsvoll an. Der ist sich zunächst unsicher, ob er uns das verraten darf, erhält aber nach kurzer (telepathischer) Rücksprache von seinem Engel die Erlaubnis dazu: »Dosrius.«

Letztens kam noch ein Samuel dazu, aber Dosrius ist Alberts Haus- und Hofengel. Er war es sogar schon mal, in einem früheren Leben von Albert, und zwar im Jahr 1350, als Albert noch kein Profi an der Engelschule war, sondern ein griechischer Fischhändler mit Alkoholproblem. Sagt Albert.

Dosrius scheint auch ein regelrechter Scherzkeks zu sein:

»Du, Albert?«, fragte Dosrius einmal. »Ja?«, entgegnete Albert.

»Was würdest du sagen, wenn du morgen aufwachen würdest und dein Bein wäre gebrochen?«

Daraufhin ist Albert natürlich fürchterlich erschrocken: »Waaas?«

»War nur ein Witz«, klärte Dosrius die Situation auf, »das ist ein Projekt von mir, ich beschäftige mich mit dem Thema Witz.«

Es war ungefähr zu diesem Zeitpunkt, vielleicht aber auch ein wenig später, während Albert von den Außerirdischen erzählte, die hier inkarniert ihre Rückkehr vorbereiten, als mein Hirn sich ohne einen Laut abschaltete. Das muss eine Art Selbstschutz gewesen sein.

Als ich an diesem Abend nach Hause komme, sitzt L. mit einer Zeitung auf dem Sofa: »Und? Wie war's in der Schule? Irgendwelche Engel gesehen?« Missgelaunt lasse ich mich neben ihn plumpsen: »Morgen gehe ich nicht mehr hin.«

L. sieht mich amüsiert an: »War es so schlimm?«, fragt er mitleidig und nimmt mich in den Arm.

»Ich habe einen Engel, der Yps heißt«, seufze ich und lege meinen Kopf an seine Schulter. In seinem Hundekorb auf dem Boden liegt Schmitz eingerollt und blinzelt herüber. *Eigentlich, wenn man nach einem Wesen sucht, das immer für einen da ist, einen bedingungslos toll findet und einen nie kritisiert, kann man sich auch einfach einen Hund zulegen*, kommt es mir in den Sinn. Ich lächle Schmitz an und er wedelt ein paarmal müde mit dem Schwanz.

Reflektiere über multidimensionale Lichtwesen!, fordere ich ihn telepathisch auf. Es kommt: nichts. Oder doch – jetzt höre ich es ganz deutlich: *Wurst!*, denkt Schmitz, und wir schließen beide die Augen.

BEI DEN SCHAMANEN: JETZT WIRD'S WILD

»Ich weiß genau das Richtige für dich«, strahlt mich Anne an einem schönen Sonntag im Café Einstein an und leckt sich den Milchkaffeeschaum von der Oberlippe. »Ich auch«, strahle ich zurück, »ich nehme das Frühstück mit den Rühreiern und dem selbst gemachten Joghurt!« Aber Anne meint etwas anderes. »Schamanen!«, sagt sie und sieht mich erwartungsvoll an. »Schamanen!«, wiederhole ich, weil ich schlicht nicht weiß, was ich darauf sagen soll.

»Du bist so naturverbunden und du stehst auf Tiere, ich glaube, wenn du einen Zugang zum Spirit findest, dann mit den Schamanen.«

Also Schamanen kenne ich noch keine, aber ich bin schon mal ein großer Tierfreund, das stimmt. Ob Hund oder Katze, Pferd, Huhn oder Hamster, ich hab sie alle gern. Ausgeklammert ist lediglich, was wimmeln oder sich winden kann. Kein Wunder also, dass eine spirituelle Glaubensvorstellung, bei der man ein **Krafttier** verpasst bekommt, voll auf meiner Linie liegt. Schamane klingt außerdem nach Natur und Wildnis, nach geheimem Wissen und schrillen Klamotten. Da bin ich dabei!

Anne und ich wühlen uns noch am gleichen Tag durch das reichhaltige Angebot im Internet und schließlich werden wir fündig: Ich werde mich während eines Basisseminars in schamanisches Grundwissen einführen lassen, eine schamanische Reise antreten und mein Krafttier kennenlernen. Und zwar bei Ute Fechter, der Schamanin vom Ammersee:

> **Schamanische Schule Ute Fechter**
> **Ute Fechter**
> **Angerweg 11**
> **86938 Schondorf am Ammersee**
> **Tel. 08192 - 9988438 / Mobil 01 70 – 3 11 53 41**
> **seeschamane@tele2.de**
> **www. seeschamane.de/**

Ich brauche lediglich: 180 Euro, warme Socken, eine Decke, Schreibblock und Stift und einen kindskopfgroßen Stein aus der Natur. Kein Problem, das habe ich fast alles – bis auf den Stein, aber bis das Seminar anfängt, habe ich genügend Zeit, einen zu finden.

»Einen kindskopfgroßen Stein aus der Natur? Wo sollen wir den auf die Schnelle herbekommen?«, fragt L. mich am Abend vor Seminarbeginn entgeistert, denn ich habe den Stein natürlich völlig vergessen. In Gedanken gehe ich alle steinähnlichen Gegenstände durch, die sich bei uns zu Hause finden lassen. Es gibt: eine dicke, runde, graue Kerze, die ein bisschen aussieht wie ein Stein, zumindest wenn man den Docht abschneidet. Außerdem einen Pflasterstein mit einem Loch für ein Teelicht, aber diesen Kindskopf will ich mir nicht mal vorstellen, sowie ein paar Kieselsteine in den Profilsohlen. Eine magere Ausbeute.

»Und der Stein aus Kreta?«, fragt L. und verschwindet in Richtung Badezimmer. Der Stein aus Kreta ist kein ganzer Stein, sondern eine circa zwei Zentimeter dicke Scheibe, die aus einem Stein herausgeschnitten wurde. Ein Querschnitt. Die Außenhaut ist steingrau und rau, die Schnittfläche ist glatt poliert, dunkelblau und türkis mit unterschiedlichen Farbschattierungen, die ihn aussehen lassen wie ein Stück Meer. »Der muss gehen, das ist dann eben ein Stein in der Größe eines Kinderkopf-Durchschnitts«, befinde ich.

Das Haus der Seeschamanin ist gelb und in einem hübschen Dorf am See gelegen, ein verwilderter Garten wuchert drum herum und ein Tonschild weist den Weg durch die hölzerne Gartenpforte zum Hintereingang. Gespannt drücke ich auf die Klingel. Die Tür öffnet sich und ich sehe in die strahlenden Augen von Marianne Sägebrecht. Also sie ist es natürlich nicht wirklich, die hier ist jünger und nicht ganz so rund – aber sonst: wie Zwillinge. Hinter ihr, in der Küche und dem Flur dahinter, wuseln viele Menschen herum, Mäntel werden an die Garderobe gehängt, mitgebrachtes Essen wird auf Abstellflächen verteilt und jemand macht sich an einer Kaffeemaschine zu schaffen. »Komm rein«, sagt Ute-Marianne freundlich und deutet einladend in das Gewusel, »ein paar fehlen noch, aber wir fangen gleich an.«

Der Seminarraum ist Gott sei Dank nicht im Hobbykeller, sondern er ist das Wohnzimmer des Hauses und es steht sofort Schamanen / Engel 1 : 0.

Der große Raum hat einen Holzboden und ist an den Wänden entlang rundherum mit Matratzen, Sitzkissen, Decken und bunten Kissen ausgelegt. Eine Seite ist komplett verglast, dort steht als einzige erhöhte Sitzgelegenheit ein geschwungenes Ledersofa mit Fellen und Kissen darauf. Die Wände sind voll behängt mit verschiedenen Trommeln, Traumfängern, Federn und skurrilen Ästen. Ein riesiger Flügel mit weißen Federn hängt dort (die haben doch nicht einem Engel …?), Rasseln und lange Pfeifen. Es ist schön warm, im Hintergrund tönt leise Musik, ähnlich der Hawaii-Nummer in der Engelschule, aber statt *Hooponopono* singen die hier *Heyayaya*. Es ist wirklich gemütlich hier, gefällt mir. Es sind auch schon fast alle Plätze belegt, ich passe noch zwischen zwei Männer mit randlosen Brillen und hülle mich in die Decke, die auf meinem Platz liegt.

Apropos »zwischen zwei Männern« – falls irgendeine dort draußen auf der Suche ist: Bei den Schamanen ist der Männeranteil deutlich höher als bei den Engeln. Es ist sogar einer dabei, von dem ich annehme, dass er sich irgendwie verfahren hat, der müsste eigentlich gerade über einen Calvin-Klein-Unterhosen-

Laufsteg laufen. Kein Witz. Insgesamt sind wir etwa 20 Leute im Schneidersitz, fast alle von Mitte / Ende 30 bis Mitte / Ende 40 und modisch dominieren eindeutig Erdfarben. Ute-Marianne hat es sich inzwischen seitlich liegend auf ihrem Fell-Sofa bequem gemacht und hält lächelnd einen Zweig mit ein paar Federn in der Hand. »Das ist ein Sprechstab«, sagt sie, also eine Art Mikrofon ohne Verstärker, »der wird jetzt herumgereicht, und wer ihn in der Hand hält, stellt sich vor.« Voilà:

Manuela wurde laut Manuela schon als Kind erweckt, ihr Mann baut Steinmännchen,[6] sie ist Pathologin und steht jeden Tag um sechs Uhr auf, um vor der Arbeit im Garten die Geister zu begrüßen.

Tilo ist ganz glücklich, hier zu sein, und gespannt darauf, neue Dinge zu erfahren.

Harry hat einen beeindruckenden Vollbart und ihm haben schon viele gesagt, er solle doch etwas mit Schamanismus machen.

Reinhard, der Versicherungsvertreter, hofft, dass ihm »das hier« was bringt, das wäre nämlich dringend nötig. (Reinhard ist der Horst der Schamanen.)

Mike, gerade mal 20 und mit Augenringen bis zu den Kniekehlen, ist ein Freund von Ute-Mariannes Sohn und hat einen schrecklichen Kater, wollte aber schon immer mal mitmachen.

Torsten ist seit seiner Kindheit von Indianern fasziniert.

Christine war mal bei einem Schamanen-Schnuppertag und war begeistert.

Wolfgang will sich auf neue Dimensionen einstimmen.

---

6 Dabei stapelt man Steine zu kleinen Hügeln oder Türmchen aufeinander. Warum, weiß ich auch nicht, ich vermute aber, dass es kein klassischer Ausbildungsberuf ist.

Cornelia hat eventuell während eines Trommelabends ihr Krafttier gesehen und will das nun verifizieren.

Peter, das Calvin-Klein-Model, das sich verfahren hat, will das schamanische Reisen lernen.

Roland, ein Sozialkundelehrer, ist auf der Suche nach einem neuen Tätigkeitsfeld. Seine Frau Rita ist seit 18 Jahren mit ihm verheiratet und will die neue Erfahrung mit Roland teilen.

Manfred war schon beim schamanischen Familientrommeln und will mehr über Ober- und Unterwelt wissen.

Ingrid hat vor einem halben Jahr einen Schamanen getroffen und war wahnsinnig beeindruckt.

Gudrun denkt sich seit geraumer Zeit: *Da muss es doch noch was anderes im Leben geben.*

Gabi ist einfach mit Gudrun mitgekommen.

Alexandra, eine Schwäbin, fand Winnetou schon immer toll und will herausfinden, warum sie bei Trommelklängen immer das Heulen anfängt.

Andreas ist einfach gerne draußen und neugierig.

Ich grinse zu viel, bin auch neugierig und finde die Sache mit den Krafttieren interessant.

Außerdem gibt es noch zwei Assistenten:

Markus, der leicht beleidigt aussieht, stellt gerade ein Flipchart in eine Ecke und setzt sich daneben auf ein Sitzkissen. Er macht eine Art Ausbildung, das »Basisjahr«, nach dem man laut Ute eine eigene Praxis aufmachen kann, »da kommen sofort die Leute«.

Martina ist die andere Assistentin, sie ist eher proper und setzt sich vor Markus (Markus: »Also jetzt sehe ich GAR nichts mehr.«)

Als alle sich vorgestellt haben und das Ast-Federn-Mikro zu Ute zurückkommt, lernen wir gleich eine wichtige Schamanenregel: Man darf nie irgendwas mit Federn dran auf den Boden legen! Denn Vögel sind die Boten Gottes und somit sind Federn heilig. *Ob Hühner auch Boten Gottes sind?*, schießt es mir durch den Kopf, ich traue mich aber nicht, laut zu fragen. Mein Sitznachbar, einer der randlosen Brillen, dessen Namen ich sofort wieder vergessen habe, kommt von der Toilette zurück, und da lernen wir gleich noch eine Regel: Man darf während Zeremonien nicht aufs Klo gehen. »Und wenn man – äh, muss?«, fragt die randlose Brille neben mir, aber Ute winkt fröhlich ab. »Das geht schon, ihr werdet lernen, mit eurer Blase zu kommunizieren.«

Wie wohl solche Gespräche aussehen? Was hat so eine Blase schon zu sagen? Von diesen verwirrenden Gedanken erlöst mich Ute, die sich nun auch vorstellt. Vor über zehn Jahren ist sie zum Schamanismus gekommen, nachdem sie des Nachts einmal aufwachte und ihr Schlafzimmer im Nebel lag. »Ich dachte erst, die Heizung ist kaputt«, lacht sie, dann erschien ihr aber die *Weiße Büffelfrau* und sie dachte, sie müsse nun sterben. Sie starb aber nicht, sondern machte sich auf die Suche nach den richtigen Lehrern und absolvierte schließlich eine Ausbildung in einer österreichischen Einrichtung, die sich *Foundation for Shamanic Studies*, kurz *FSS* nennt.[7]

---

[7] Die Foundation hat ihren Sitz in Kalifornien und geht zurück auf Michael Harner, einen amerikanischen Anthropologen, der den Schamanismus bei verschiedenen Indianergruppen im Amazonasgebiet erforschte. Den gemeinsamen Nenner der verschiedenen Bräuche nannte er Core-Schamanismus (Kern-Schamanismus) und verbreitete ihn in westlich-verständlicher Form. Wesentlicher Unterschied zu dem ursprünglichen Schamanismus ist, dass nicht der zuständige Schamane für die Gemeinschaft oder ein Einzelner in die Anderswelten reist und dort um Hilfe bittet, sondern dass die Leute selbst schamanisch reisen und tätig sind. Das Ganze ging los in den 60ern, zusammen mit dem einsetzenden Interesse an nicht-westlicher Spiritualität. Können Sie sich noch an Castaneda erinnern? So ähnlich, nur seriöser.

Inzwischen ist sie eine versierte Kursleiterin und Ausbilderin geworden und lädt regelmäßig Gast-Schamanen aus der ganzen Welt in ihre Schule ein: www.seeschamane.de

Sich selbst bezeichnet Ute nicht als Schamanin. Das passt nicht zu einer bayerischen Ex-Immobilienmaklerin, findet sie, und bringt damit etwas auf den Punkt, das mich schon die ganze Zeit irritiert: So reizend meine Kollegen hier auch sind, ich kann mir irgendwie keinen Schamanen mit randloser Brille vorstellen.

Auch wenn Ute sich nicht so nennt, sie kann ihren Körper verlassen und in die Geisterwelt gehen, sie beherrscht trotzdem sozusagen das Einmaleins des Schamanismus, und wie das geht, das wird sie uns zeigen.

Der Ablauf dieses Seminars ist gegliedert, sagt Ute:

»Es wird einen Theorieteil geben« (Oh menno!), »einen Praxisteil mit schamanischer Reise« (Oh ja!), »morgen dürft ihr dann mit der Rassel euer Krafttier tanzen« (Oh Gott!) »und es wird viel geräuchert werden.« (Oh Mist!)

»Apropos«, wendet sie sich an den Assistenten Markus. »Wärst du so freundlich?« Woraufhin Markus seufzend aufsteht und zu einem Tablett in unserer Mitte geht, das dort auf dem Fußboden steht. Auf dem Tablett liegt ein Stück Holz, eine Adlerfeder, eine Schale mit Salz und etwas, das ich für ein Potpourri gehalten habe, sich jetzt aber, leider, als Räucherwerk herausstellt.

(Fühlen Sie sich bitte nicht auf den Schlips getreten, ich weiß, viele Leute mögen Räucherwerk, aber verstehen Sie mich: meine Mutter war ein Hippie. Ich kann keine Räucherstäbchen mehr riechen. Das maximale Fassungsvermögen Geräuchertes, das ein Mensch vertragen kann, habe ich bereits vor der Einschulung inhaliert.)

»Im Salz könnt ihr übrigens die Fußabdrücke von einem Kobold sehen«, erklärt Ute währenddessen vergnügt, »von denen haben wir hier einige im Haus.« Ich beuge mich vor und sehe mir die Schale mit dem Salz genauer an. Da sind definitiv zwei parallele Vertiefungen! Sie sehen aus wie – kennen Sie das, wenn Sie beim Frühstück mit zwei Fingern in das Salzschälchen greifen, um eine Prise davon über das Frühstücksei zu streuen? So ungefähr. Ich muss ein bisschen lächeln, denn ich könnte schwören, wenn das so ist, dann war in unserem Salzfass auch ein Kobold unterwegs – und in der Butter ist er dann vermutlich Schlitten gefahren, so, wie die immer aussieht.

Unser Sitzplatz, klärt uns Ute auf, verrät außerdem eine Menge darüber, was in unserem Leben gerade wichtig ist. In meinem Fall müssen das randlose Brillen sein, vermute ich, aber ich vermute falsch, es geht um die Himmelsrichtungen, in die wir uns gesetzt haben:

Ein Drittel von uns sitzt thematisch im »Abschied«, ein Drittel sitzt dort, wo bereits wieder »eine Saat gepflanzt ist, in der Energie«, und ein Drittel im Vergehenden, »der Asche«.

Ich sitze in der Asche, war ja klar. Zu allen Himmelsrichtungen gibt es natürlich wieder zugehörige Farben und Elemente und alles steht wieder für alles mögliche Zeug. Ein Schamane in der Ausbildung muss ganz schön viel auswendig lernen, so viel ist klar. Vielleicht sieht Assistent Markus deswegen so beleidigt drein.

Ansonsten herrscht eine recht gemütliche Stimmung, es ist schön warm, man fläzt sich in die Kissen, niemand heult und wenn es jetzt noch Törtchen und Kakao gäbe, wäre es perfekt. Wohlig ziehe ich die Decke über meinen Bauch und höre Ute zu, als wäre ich ein Kind, das sich Geschichten anhört. Ute erzählt davon, wie ihr die Geister bei dem Kauf eines Autos geholfen haben und dass Leute, die hinken, mehr Talent zum Schamanisch-Reisen haben: die haben einen Fuß auf dem Boden und einen zum Reisen. Ich denken an meinen Vater, der auch ein Bein nachzieht, das wird ihm gefallen.

»Und jetzt zum theoretischen Teil«, beendet Ute ihre Erzählungen und alle rappeln sich in eine aufrechte Position und zücken die Stifte. Um es für Sie kurz zu machen – der Schamane an sich sagt, es gäbe drei verschiedene Welten:

1. **Die Oberwelt**
   Verglichen mit einem Baum, besteht die Oberwelt aus Zweigen und Blätterwerk. Angeblich liegt dort auch die Goldene Stadt oder Kristallstadt, dort wohnen unsere Lehrer (nicht Ute, sondern die geistigen Lehrer), und sie ist von uns getrennt durch eine Wolken- oder Papyrusschicht, welche die Oberwelt schützt, sonst könnte ja jeder daherkommen.

2. **Die Mittlere Welt**
   Die Mittlere Welt ist, mit meinen völlig unschamanischen Worten gesprochen, »unsere Welt«. Da gibt es uns und wir sind *Teilstücke von Gott*, sagt Ute (auch wenn ich bezweifle, dass mein sauertöpfischer Nachbar ein Teilstück von Gott ist, aber gut). Es gibt Tiere und Pflanzen mit Geist, Verstorbene, die hier »hängen geblieben« sind und Naturgeister (Elfen, Gnome, Kobolde, alles, was einem so durch die Butter läuft). Uns Menschen vergleicht Ute mit einem Ei: Wir als Teilstück Gottes sind der Dotter, unser Spirit ist das Eiweiß und die Schale unser Körper. Weil wir aber im Spiegel nur unseren Körper, also die Schale, sehen können und nicht das Eiweiß, denken wir uns oft, wenn wir uns im Spiegel anschauen: *Wie sehe ich denn aus? Das bin ich doch gar nicht*! Der junge Kumpel von Utes Sohn mit dem Mörderkater im Gesicht nickt. Dem geht es gerade genau so.

3. **Die Untere Welt**
   In der Unteren Welt wohnen die Krafttiere (spirit animals), diverse Urwesen, einen Urkristall gibt es da, Wesen, die man über Recht und Unrecht befragen kann, und Wesen, die unsere schlechten Eigenschaften repräsentieren.

Ausgedacht hat sich das alles natürlich mal wieder: Gott. Gott nennt sich bei den Schamanen nicht Alles-Eins sondern *Der große Geist* (bei den sibirischen Schamanen *Tengri*), und es heißt, er wohnt im *Zelt der tausend Augen*, was eine der schönsten Beschreibungen für einen Sternenhimmel ist, die ich je gehört habe. Der große Geist also, die Nummer eins, schuf die Mutter Erde *Umei*. Die wird prompt von Gott schwanger und bekommt zwei Söhne: *Ulgen* (die Zukunft) und *Erlilk* (die Vergangenheit). Wir sind alle aus diesen vieren geschaffen, sagt Ute, und von einem von ihnen bekommen wir eine Kraft doppelt. Dann werden wir x-mal wiedergeboren, bis zur Erleuchtung. Viele von uns sind bestimmt schon Hunderte Male wiedergeboren worden – bis auf die mit dem Sternzeichen Widder, sagt Ute, das sind inkarnationsmäßig gesehen die totalen Nullen.

Wenn Sie sich auch fragen, wozu der ganze Aufwand mit dem inkarnieren: Gott ist langweilig. Er möchte Gefühle erfahren und, das wissen wir schon von Albert, das geht in der Geisterwelt nicht, also müssen wir herhalten.

»Was ist eigentlich der Unterschied zwischen Schamanen und Medizinmännern?«, fragt Torsten in unser geschäftiges Notieren hinein. Ja, was eigentlich? »Nun«, antwortet Ute, »Schamanen kommen aus dem sibirischen Raum, die Medizinmänner sind Indianer. Beiden ist es möglich, zwischen den verschiedenen Welten zu wechseln und mit den Geistern zu sprechen.«

Darum heißen sibirische Schamanen mit Vornamen zum Beispiel Tunduk, Medizinmänner hingegen haben diese klangvollen Indianer-Beinamen: Goyatley *(Er, der gähnt)* oder Elskwatawa *(Offene Tür)*. Wie ich wohl heißen würde? Vermutlich *Die, die immer aus Versehen auf Herrentoiletten läuft*.

Das Prinzip, dass alles, was uns zustößt, einem großen vorgeburtlichen Plan unterliegt, gilt hier auch, und so richtig kann ich mich immer noch nicht damit anfreunden: »Wenn alles vorbestimmt ist«, frage ich, dann ist doch die ganze Strafverfolgung eigentlich für die Katz, oder? Also wenn in meinem Plan steht, ich soll dem sauertöpfischen Nachbarn eins über die Omme hauen ...« Aber Ute schüttelt schon den Kopf: »Dann ist natürlich das Gerichtsverfahren ebenfalls Teil des Plans.« Ach so. Blöd.

»Auch ein Rind in Massentierhaltung sucht sich genau das aus, aus Hingabe an die Menschen«, legt Ute nach.

Ich muss an Anne denken, die auch fest davon überzeugt ist, dass alles im Leben aus einem guten Grund geschieht und einen Sinn ergibt – auch wenn sie ihn vielleicht zunächst nicht erkennt. Wir haben uns sogar darüber gestritten: Ich wollte nicht akzeptieren, dass das Schlechte auf der Welt eine geplante Sache ist, und Anne verteidigte das Schicksal bis aufs Messer.

An dem Abend nach unserem Streit saß ich mit L. zu Hause auf der Couch und wir guckten Nachrichten, es gab das Übliche: Hunger- und Dürrekatastrophen, Bürgerkriege, Kriegsverbrechen, Flüchtlingsströme und Atomwaffentests. Das alles sollte also einem gewissen Plan folgen? Alle fünf Sekunden stirbt ein Kind unter zehn Jahren an Hunger – und das sollen die sich alle vorher ausgesucht haben? Um was zu lernen? Weil Gott langweilig ist? Ich verstand das nicht. »Verstehst du das?«, fragte ich L.

»Ich glaube, Anne tröstet die Vorstellung, dass ihre persönlichen Schicksalsschläge nicht ohne Grund passiert sind«, antwortete L., »deswegen hängt sie so an dieser Nichts-ist-Zufall-Nummer.« Und Anne hat wirklich schon einiges einstecken müssen in ihrem Leben. Vielleicht hatte L. recht – vielleicht ist die Sinnlosigkeit mancher Ereignisse zu schwer zu ertragen. »Aber warum regt es dich eigentlich so auf?«, wollte L. wissen, und da war ich nun sprachlos: »Keine Ahnung. Ich finde die Vorstellung von vorbestimmten Schicksalen noch viel schlimmer.«

Bei den Schamanen geht es derweilen in die Praxis. Eine Übung sollen wir machen, sagt Ute, und hält einen Handspiegel hoch. Einen einfachen Plastik-Handspiegel, ohne Federn oder sonst was. »Es geht«, fängt Ute an zu erklären, »zumindest in unserem Leben, hier in Europa, meistens um Selbstliebe, Selbstwert und Selbstbewusstsein, das sind die Dinge, die uns Schwierigkeiten bereiten, deswegen«, sagt sie und reicht dabei den Handspiegel an den Ersten von uns weiter, »lassen wir jetzt den Spiegel herumgehen. Jeder von euch sieht hinein und spricht mir nach.«

Die Erste ist Manuela, die Pathologin mit dem Steinmännchen-Mann. Sie hält den Spiegel auf Augenhöhe vor ihr Gesicht und Ute spricht vor: »Ich liebe dich. So, wie du bist. Ohne Leistung.« Manuela räuspert sich und krächzt mit festem Blick in den Spiegel:

»Ich liebe dich, so, wie du bist, ohne Leistung.« Erleichtert will sie den Spiegel an ihren Sitznachbarn weitergeben, aber Ute lässt sie noch nicht aus: »Noch mal, diesmal langsamer«, und als Manuela den Spiegel wieder vor ihr Gesicht hält, spricht sie ihr Satz für Satz nach:

»Ich liebe dich.

So, wie du bist.

Ohne Leistung.«

»Und, wie war das jetzt für dich?«, fragt Ute. »Also, da bewegt sich innerlich ganz schön was«, antwortet Manuela. *Kein Wunder, das ist ja auch hochnotpeinlich,* denke ich. Manuela gibt den Spiegel weiter und prompt bewegt sich auch bei mir etwas: Ich kriege Schwitzehände, denn mir wird klar, hier kann ich nicht mal aufs Klo verschwinden! Alles hilft nichts, die Kollegen stammeln sich mal mit Pathos, mal mit knallrotem Kopf durch ihre Selbstliebesbekenntnisse, allein der junge Kumpel von Utes Sohn muss passen: Als Ute ihm vorspricht: »Ich liebe dich«, und er sein verkatertes Gesicht im Spiegel betrachtet, rutscht ihm ein »Heute nicht« heraus. Dann ist es so weit. Ich blicke mir tief in die Augen, sehe bröckelnde Wimperntusche und spreche Ute nach:

»Alex, ich liebe dich, so, wie du bist.

Du bist wertvoll.

Du bist gut und gewollt.«

Geht doch. Zumindest heult keiner.

Mit diesem befriedigenden Ergebnis geht es in die Mittagspause. Grüppchenweise steht man in der Küche um die Butterbrezen und die belegten Brote (nur Wolfgang, der sich auf neue Dimensionen einstimmen will, knabbert an einem – was ist das? – ein Rettich?) und es wird geplaudert. Ich geselle mich zu den Jungs mit den randlosen Brillen und gebe meine Erlebnisse in der Engelschule inklusive Albert-Parodie zum Besten.

Vor der Kaffeemaschine treffe ich auf Wolfgang und seinen Rettich und während ich warte, spreche ich ihn in diesem kumpelig-plumpen Ton an, der mir immer rausrutscht, wenn ich nicht weiß, was ich sagen soll: »Noch keine Krafttiere weit und breit, was?«, und damit ist meine Mittagspause vorbei, denn nun klärt mich Wolfgang auf über seine spirituellen Erfahrungen, die weltweite Verschwörung der Wissenschaftler, die Außerirdischen, die jeden Moment kommen müssten (was haben die immer mit den Außerirdischen?) und dieses tolle, homöopathische Mittel gegen Herpes, das aber auch gegen Krebs hilft. Pause vorbei.

Als wir wieder sitzen, ist Ute noch in ein Gespräch vertieft und ich wünschte, ich wäre früher dazugestoßen, sie erzählt nämlich, wie sie mit jungen 22 Jahren von einem Mann entführt wurde. Der hielt sie in seiner Wohnung fest und drohte, sie und ihre Familie abzuknallen, wenn sie ihn verriete. Trotz ihrer Angst hat sie die ganze Zeit mit dem Täter gesprochen, hat versucht eine Beziehung zu ihm aufzubauen, und schließlich ließ er sie gehen. »Er hat mich gelehrt, dass ich achtsamer sein muss«, fasst sie die Situation zusammen, »und auch, wie stark ich bin.«

Wenn man so starke Angst verspürt, frage ich mich – und die Angst muss schrecklich gewesen sein –, ist es dann leichter, damit fertigzuwerden, wenn sie zu irgendetwas nutz war? Wenn sie vorherbestimmt war? Ist dann die Furcht davor gebannt, dass es, einfach so, jederzeit wieder passieren könnte? Und nehme ich Ute nicht richtig ernst, wenn ich versuche, ihre Überzeugungen mit einer traumatischen Erfahrung zu begründen?

Nachdenklich setze ich mich wieder zwischen die randlosen Brillen.

Wie wir herausfinden, warum wir auf dieser Welt sind oder was unsere Aufgaben sind, dafür hat Ute ein einfaches Beispiel: »Stellt euch vor, in einem Büro arbeiten zwei Sekretärinnen. Die erste ist total fleißig und engagiert, aber schüchtern, sodass alle Lorbeeren immer nur die zweite einheimst.«

Sauerei, oder? Habe ich auch gedacht, aber weit gefehlt: »Die zweite ist der Spiegel für die erste, die erste muss an ihrem Selbstwert arbeiten und lernen, Anerkennung einzufordern.«

Das mit dem Spiegel kenne ich. Das ist so eine alte Buddhisten-Nummer, wonach die erste Sekretärin der zweiten sogar dankbar sein müsste, weil diese ihr die Gelegenheit gibt, an den eigenen Defiziten zu arbeiten. Genau jetzt muss ich an meinen sauertöpfischen Nachbarn denken – aber der kann beim besten Willen zu nichts gut sein!

»Ihr beide«, reißt mich Ute aus meinen Gedanken und deutet auf mich und meinen randlosen Brillennnachbarn, »reicht euch die Hände!« Wir gucken uns einen Moment an und reichen uns brav die Hände. »Und jetzt«, grinst Ute die randlose Brille an, »sag uns, was du an Alex nicht magst.« Der Schreck steht dem armen Mann ins Gesicht geschrieben. »Aber ich kenne sie doch gar nicht«, sagt er vorsichtig und seine Hand in meiner wird feucht, aber Ute lässt nicht locker: »Sag einfach, was dir an ihr aufgefallen ist, das du nicht so gut findest.« Er schluckt und sieht

Ute fragend an: »Dass sie so, so – aufgedreht ist?« *Eventuell habe ich bei meiner Albert-Parodie in der Küche etwas über die Stränge geschlagen,* überlege ich.

»Sehr gut«, freut sich Ute und wendet sich an mich: »Und was stört dich an ihm?« Ich habe ja befürchtet, dass das kommt. »Also, über die Brille lässt sich streiten«, versuche ich meine Unsicherheit zu überspielen, denn mir fällt erst mal nichts ein. Tatsächlich ist mir an meinem Nachbarn bis jetzt herzlich wenig aufgefallen – bis auf besagte Brille und seine schwitzigen Hände. »Was möchtest du ihm sagen?«, lächelt mich Ute an, und da fällt mir dann doch was ein: »Dass er nicht so aufgeregt sein muss!«

Ute nickt zufrieden. »Seht ihr, eigentlich habt ihr zu euch selbst gesprochen. Du«, deutet sie auf meinen Nachbarn, »hast ein Problem damit, dir selbst Raum und Gehör zu verschaffen, was sie hier«, und Ute deutet auf mich, »ohne Weiteres kann. Das wurmt dich. Und du Alex, hast auch nur von dir selbst gesprochen.« Ich muss also nicht so aufgeregt sein. Hm, hm.

Das Prinzip kennen wohl alle, denen schon einmal aufgefallen ist, dass einen just diejenigen nervigen Eigenschaften der eigenen Eltern, die man an sich selbst im Ansatz entdeckt, besonders rasant auf die Palme bringen. Poetisch höchst kunstvoll ausgedrückt durch die alte Kindergartenweisheit: Wer es sagt, der ist es selber!

»Wenn wir uns gleich auf die Reise zu unserem Krafttier machen«, kehrt Ute zu unserem eigentlichen Thema zurück und ich bin wieder hellwach, »dann werdet ihr euch gemütlich auf den Rücken legen, die Augen schließen und ich werde euch bitten, euren Kraftplatz aufzusuchen.«

Der Kraftplatz, erklärt sie uns, ist ein Wohlfühlort, den wir uns selbst aussuchen können. Mir kommt da als Erstes das Café Einstein in den Sinn, aber ich vermute, das ist irgendwie nicht das, was Ute meint. »Dort tummeln sich geradezu die Geister«, legt sie nach – was das Café Einstein wieder in den Bereich des Möglichen rückt. Spontan fällt mir aber gerade noch mein Lieblingsplatz im Garten ein, da, wo ab mittags die Sonne auf meine Liege scheint. Ein 1-a-Wohlfühlort. Wir sollen uns diesen Ort dann nicht etwa vorstellen, sondern unseren Spirit (das Eiweiß, wir erinnern uns) gedanklich hingehen lassen. Dort ersuchen wir dann einen Eingang in die Unterwelt, der sich typischerweise oftmals bodennah befindet, zum Beispiel in einer Höhle, einer Hecke oder einem Loch. Da gehen wir dann runter und suchen nach dem Krafttier für den Nachbarn, der neben uns liegt.

Moment – neben mir liegt die randlose Brille mit den Schwitzehänden – für den? Ich will doch viel lieber eines für mich selber suchen! Ich habe schon an Black Beauty gedacht, an Tüpfelhyänen, Tapire und an meinen Favoriten: Catwoman! Aber doch für mich und nicht für – den. Und was, wenn der mir etwas aus dem Insektenreich aussucht?

»Seht euch aufmerksam um und lasst euch Zeit«, ermahnt Ute derweilen, »klassischerweise seht ihr das betreffende Krafttier mindestens vier Mal. Dann nehmt es in die Arme«, und dabei schlingt sie die Arme in die Luft, »richtet euch auf, beugt euch über euren Nachbarn und pustet ihm das Krafttier in die Brust und auf die Stirn. Anschließend flüstert ihr ihm ins Ohr, was für ein Tier es ist. Danach macht er sich auf die Suche nach eurem Krafttier.«

»Du zuerst?«, fragt mein Brillennachbar und ich nicke. Klar, kein Problem, ich gehe zuerst in die Unterwelt. Während wir uns alle zurechtlegen, mit Kissen und Decken hantieren und dabei versuchen, nicht aus Versehen mit unseren Nachbarn zu füßeln, fängt Assistent Markus an zu kokeln (Räucherwerk, diesmal Weißer Salbei). Er verteilt den Rauch in alle Richtungen, während Gabi und Ute mit einem kleinen Sprühfläschchen von einem zum anderen gehen. »Wildeulenspray«, sagt Ute, »das hilft besonders Neueinsteigern, sich einzulassen.« Ich zucke im ersten Moment etwas zurück. »Was ist da drin?«, frage ich vorsichtshalber, aber Ute lacht meine Befürchtung weg: Es handelt sich nicht um ein

Extrakt aus Wildeulen, sondern lediglich um ein Wasser, das mal eine Wildeule gesehen hat oder wo die drin gebadet hat oder so etwas. Ein bisschen wird noch getrommelt, dann ist es so weit: Hinlegen, Klappe halten, Augen zu. Ich höre Utes sanfte Stimme, sie spricht von unserem Wohlfühlort, an den wir unseren Spirit schicken sollen, ich sehe Eiweiß (na toll) und dann meinen Garten. Wo aber da ein Eingang nach unten sein könnte – keine Ahnung. Ich erinnere mich, dass Schmitz einmal wie ein Verrückter ein Mauseloch ausgebuddelt hat, das gilt. Durch dieses Mauseloch geht es also nach unten, das hat was von Alice im Wunderland und dort ist: nichts. Ich weiß nicht, wie Sie sich die Unterwelt vorstellen, aber in meiner Unterwelt ist es dunkel, womit wir wieder bei dem Problem wären, das schon bei der Sache mit dem Engel aufgetaucht ist: Im Dunkeln sieht man nichts.

Ich gucke trotzdem, fest entschlossen, mir nicht einfach irgendwas vorzustellen, sondern ein Bild kommen zu lassen. Wie schon bei den Engeln sehe ich schwarze und helle Flächen und Streifen, und das erinnert mich an etwas ... ich hab's!

Diese komischen Vögel! Die, die einem immer erst auffallen, wenn sie davonfliegen, weil sie am Boden so unauffällig sind, aber wenn sie die Flügel ausbreiten, sieht man dieses dunkel und hell gemusterte Federkleid. Nein, nicht Elstern – wie hießen die noch mal – Eichelhäher! Ha! Eichelhäher! Ich finde, der Eichelhäher passt »wie Arsch auf Eimer« zu meinem randlosen Brillennachbarn: Man übersieht ihn leicht, aber wenn er sich erst mal zeigt, sieht man, wie toll er ist. Klingt perfekt – vielleicht bin ich deswegen auch so überzeugt davon, das Richtige gefunden zu haben. Einen Eichelhäher großräumig zu umarmen finde ich nun etwas übertrieben, ich schließe ihn also in die Hände, mache die Augen auf und beuge mich über meinen ausgestreckten Nachbarn. Über seiner Brust und über seiner Stirn puste ich einmal durch den Hohlraum meiner Hände und flüstere ihm dann »Eichelhäher« ins Ohr. Er lächelt und schlägt die Augen auf. Er ist wohl zufrieden. Gott sei Dank, anscheinend hat er nicht auf einen Löwen gehofft.

Ich lege mich zurück und schließe die Augen. Was ich jetzt wohl für ein Tier verpasst bekomme? Machen wir es kurz und schmerzlos: ich bekomme einen Papagei. Einen Papagei! Einen beschissenen Polly-will-einen-Keks-Papagei! Da sehe ich doch förmlich die Schaltkreise im Hirn meines Nachbarn klicken: Aufgedreht, kreischend, rhabarbernd, mit den Flügeln schlagend – perfekt! Und da fällt mir auch siedend heiß ein, was Ute ganz zu Beginn erwähnt hat: *Morgen dürft ihr mit der Rassel euer Krafttier tanzen…* Oh Gott.

Mit einem großen Minus im Gesicht sitze ich wieder im Schneidersitz auf meinem Platz, als der Reihe nach alle erzählen, was sie so für Tiere bekommen haben und Ute deren Bedeutung erklärt.

Insgesamt haben wir: einen Goldfisch, eine Eule, einen Schwan, eine Spinne, einen schwarzen Panther, einen Luchs, einen Elefanten (wie sie den wohl in die Arme geschlossen haben?), einen Eichelhäher und einen Papagei, einen Dachs, einen Fuchs, zwei Raben, zwei Wölfe, einen Weißkopfadler, eine Möwe, eine Maus, ein Pferd, eine Wasserschildkröte und einen Elch.

Und alle sind etwas ganz Besonderes. Sogar mein Papagei:

Er steht für Kommunikation und Austausch untereinander, für die Gabe, sich in andere hineinzuversetzen und Feinfühligkeit für den anderen zu entwickeln. Der Papagei möchte einen ermutigen, dass auch die schwierigsten Themen mit Reden gelöst werden können.

Ute sieht mich erwartungsvoll an. »Passt das für dich?«, fragt sie und ich linse zur randlosen Brille hinüber. »Ja, schon irgendwie.«

Nach einer Verschnaufpause heißt es die kindskopfgroßen Steine rausholen und sich mit einem Partner zusammentun. Mit meiner doofen Steinscheibe drehe ich mich zu dem Mann mit der Brille: »Hast du vielleicht Lust, mit mir …? Also trotz dieser armseligen Steinscheibe …?«, sehe ich ihn fragend an. »Klar, ich heiße übrigens Andreas«, lächelt er freundlich und hilft mir damit aus der Peinlichkeit, dass ich seinen Namen vergessen habe. »Und ich heiße Alex«, lächle ich zurück, aber von den Vorlauten merkt man sich schneller den Namen: »Ich weiß«, grinst Andreas.

Für unsere Steindeutung sollen wir uns jeder eine Frage überlegen, die wir gerne beantwortet hätten.

Welche spirituelle Richtung könnte die richtige für mich sein?, kommt es mir in den Sinn. »Jetzt beschreibt eurem Partner euren Stein«, heißt es von Ute, und ich erkläre meinem neuen Freund Andreas: »Also, er sieht aus wie ein See oder etwas aus der Natur und wie ein Querschnitt durch ein Gehirn.«

»Und jetzt«, sagt Ute, »jetzt fragt euer Partner euch: ›Was sagt dir das in Bezug auf deine Frage?‹« Andreas lächelt mich freundlich an und legt den Kopf schief: »Also? Was sagt dir das in Bezug auf deine Frage?«

Nachdenklich sehen wir beide auf meine armselige Steinscheibe. »Öhmm, vielleicht – vielleicht, dass ich die Antwort in der Natur suchen soll?«, überlege ich laut. »Aber was soll dann der Querschnitt durch das Gehirn bedeuten?« Andreas zieht die Augenbrauen nach oben. »Vielleicht, dass du dir keinen Kopf machen sollst?« Einen Moment sehen wir uns stumm an, dann lachen wir beide laut heraus, der Eichelhäher und ich.

»Hallo, hier sind wir!«, winken Anne und Jana aus dem hinteren Teil unseres Lieblingsitalieners. Noch bevor ich sitze, sprudelt es aus Anne heraus: »Und, wie war's?«

Gespannt sehen mich beide an. »Hast du dein Krafttier gefunden? Welches ist es? Ist es ein Pferd?« Anne sieht aus, als platze sie gleich vor Neugierde.

»Ja, habe ich, und nein, ist es nicht«, antworte ich, und Jana schnalzt mit der Zunge: »Anne, du schuldest mir eine Flasche Cava.«

»Ihr habt gewettet?« Entgeistert sehe ich von einer zur anderen. »Ja«, nickt Jana, »aber nur weil Anne felsenfest überzeugt war, dass es ein Pferd ist.«

»Ich war mir so sicher«, mault Anne und sieht mich vorwurfsvoll an, gerade so, als wäre ich daran schuld, dass sie danebenlag.

»Nimm's nicht so schwer«, muntert Jana sie auf und legt ihr einen Arm um die Schulter, »du kannst immer noch mein Krafttier raten!«

»*Du* hast ein Krafttier?« Skeptisch rückt Anne ein Stück von ihr ab und zieht die Augenbrauen nach oben. »Klar«, strahlt Jana, »und wenn wir jetzt endlich bestellen könnten, dann liegt es in ein paar Minuten auf dem Grill!«

Jetzt muss selbst Anne schmunzeln und keine ganze Flasche Rotwein später sind die beiden über meine Erlebnisse im Bilde. »Und? Gehst du morgen wieder hin?«, fragt Jana gut gelaunt, als wir beim Espresso ankommen. »Ich glaube nicht«, gebe ich etwas kleinlaut zu. Die beiden sehen mich fragend an und Anne zielt mir ihrem Espressolöffel auf mich: »Aber es hat dir doch soweit ganz gut gefallen? Und dass du dich öfter mal in andere hineinversetzen sollst und an deiner Feinfühligkeit arbeiten sollst, das war doch auch nicht verkehrt?«

Verlegen rühre ich in meiner Tasse: »Ja, stimmt schon«, murmle ich in den Espresso und pule den Keks aus dem Alutütchen. Die beiden sehen mich immer noch fragend an, da haut Jana mit der flachen Hand auf den Tisch und lacht laut auf: »Ha! Ich weiß, du hast Schiss! Du willst morgen nur nicht dein Krafttier tanzen!« – und trifft damit den Nagel auf den Kopf.

Nachdem wir uns mithilfe des hauseigenen Grappas über die verschiedenen Vorstellungen, wie man einen Papagei tanzen könnte, beömmelt haben, wird ein Beschluss gefasst: Anne und Jana werden meine Krafttiere sein. Sie sollen meine Wegbegleiter und Seelengefährten sein und mich darauf hinweisen, wenn ich meine Feinfühligkeit oder sonst etwas überdenken sollte. Das ist zwar bestimmt nicht sehr schamanisch, denn Anne und Jana sind Wesen aus dieser Welt, aber genau das finde ich wahnsinnig praktisch.

Das Medium & die Rückführung

»Die Frage ist doch, glaubst du überhaupt an andere Welten?«, fragt L. an diesem Sonntagmorgen und rückt sich sein Kopfkissen hinter dem Rücken zurecht. Geduldig hat er sich meinen Schamanenbericht angehört und taktvollerweise kein Wort über den Papagei verloren. »Ich finde, die Frage ist doch, *gibt* es überhaupt andere Welten?«, antworte ich. »Das muss doch herauszufinden sein! Und wenn schon nicht allgemein beweiskräftig, dann doch zumindest für mich persönlich!«

»Wenn du es herausgefunden hast, sag Bescheid«, lächelt L. und hangelt nach seinem Bademantel, »ich mach uns derweil Kaffee.«

Also, andere Welten hin oder her, diese hier ist auf jeden Fall nicht die schlechteste, finde ich und wickle mich noch mal in die Decke ein.

Etwas später, beim Zähneputzen, fällt mir der gestrige Abend wieder ein – vermutlich weil meine Zahnbürste heute Morgen nach Grappa schmeckt.

Jana und Anne haben gestern Abend nach meinem Bericht über den Ausflug in die Unterwelt von ihren jeweiligen Erlebnissen mit »anderen Welten« berichtet: Anne hat zum Beispiel das Gefühl, dass ihre verstorbene Oma auf sie aufpasst. Gut, meistens muss die Oma herhalten, wenn Anne ihren Schlüssel verlegt hat oder keinen Parkplatz findet, dann schickt sie erst Bitten, dann eindringliche Aufforderungen und schließlich, wenn alles nichts hilft, ein paar deftige Flüche nach oben, bis Schlüssel oder Parkplatz aufgetaucht sind. So hundertprozentig sicher ist sie sich nicht, dass es sich dabei um Kontakte mit der Welt der Verstorbenen handelt, aber möglich, findet Anne, sei es allemal. Jana hingegen hatte einen direkten und äußerst physischen Kontakt zu einem Wesen von einer anderen Welt und hält uns das ganze Tiramisu über in Atem, bis sich herausstellt, dass es sich bei dem »Wesen von einer anderen Welt« um einen Sportstudenten aus Mailand handelte. »Sehr witzig«, befindet Anne und hält dagegen: »Aber wenn so Berichte über Rückführungen in frühere Leben kommen und die Leute plötzlich Orte wiedererkennen, an denen sie vorher noch nie waren, das ist doch beeindruckend!«

Rückführung!, blinkt es in meinem Kopf auf, *das muss ich auch machen!*

»Ja, schon«, gibt Jana zu, »ich habe auch mal ein Medium im Fernsehen gesehen, das war echt überzeugend.«

Ein Medium treffen! Das muss ich auch machen!, blinkt es schon wieder.

»Siehst du«, nickt Anne zufrieden, »oder wenn Leute von Nahtoderlebnissen erzählen ...«

Mach ich nicht, unter gar keinen Umständen!, leuchtet es in meinem Kopf auf.

Jana nickt völlig überzeugt. »Finde ich total plausibel!«, sagt sie, »aber ich finde es auch total plausibel, wenn Leute auf der Bühne weiße Tauben aus einem Zylinder holen!«

So ging das hin und her gestern Abend, kein Wunder dass wir viel Schnaps brauchten.

Medium und *Rückführung* habe ich mir aber gemerkt, ich habe sogar beides mit Kugelschreiber auf meiner Serviette notiert – bis ich beim Gehen merkte, dass ich es aus Versehen auf die Stofftischdecke des Bella Napoli notiert hatte.

DAS MEDIUM

Ein Medium, so heißt es, ist eine Person, die mit Engeln, Geistern oder Verstorbenen kommunizieren kann. In meiner Vorstellung ist ein Medium eine freundliche ältere Dame mit gefärbtem Haar, an deren Wohnzimmertisch man mit ein paar anderen sitzt und sich an den Händen hält, während Kerzen von selbst ausgehen und der Tisch wackelt. Dass ich darauf nicht früher gekommen bin! Wenn man wissen möchte, ob das Jenseitige existiert, sollte man sich doch mit denen unterhalten, die behaupten, eine Standleitung dorthin zu haben! Dazu wende ich mich an Petra Knickenberg. (Toller Name, oder? Wie Bibi Blocksberg.) Petra Knickenberg ist zumindest eine Person, die mit einem Medium kommunizieren kann, ein Medium-Medium sozusagen. Zu diesem reizenden Namen gehört eine sympathische blonde Bayerin, die über ihr Institut TOWOL (*www.towol-aschau.de*) seit Jahren Seminare, Workshops und Kurse in Sachen Lebenshilfe anbietet.

Petra Knickenberg
Seminare – Beratungen – Reisen »der besonderen Art«
Ganghoferstraße 13
D-83229 Aschau im Chiemgau
Tel. (0049) 08052 9244
Petra.Knickenberg@t-online.de
www.towol-aschau.de

Sie organisiert internationale Reisen zu Kraftorten in den Nahen Osten und im deutschsprachigen Raum Demo-Abende, Einzelsitzungen und Veranstaltungen mit englischen Medien. Warum die Medien aus England kommen? Petra Knickenberg erklärt das so:

»In England gibt es viele spirituelle Zentren und Kirchen, denn in Großbritannien hat die Kommunikation mit der geistigen Welt eine jahrhundertelange Tradition.«

Da die Fähigkeiten der Medien nicht mit Worten zu erklären sind und um mir einen ersten Einblick zu verschaffen, kann ich zu einem der Demo-Abende kommen, die regelmäßig stattfinden. Das sind öffentliche Veranstaltungen, bei denen man sich so ein Medium in Aktion ansehen kann, man muss sich nicht anmelden und es kostet nur 18 Euro – eine faire Sache, so kauft man nicht die Katze im Sack, wenn man eine Einzelsitzung bucht.

Wenn ich Glück habe, sagt Frau Knickenberg, bekomme ich sogar eine persönliche Botschaft, wenn das Medium demonstriert, wie es arbeitet. Dabei wendet sich das Medium an einzelne Personen im Publikum, über die es etwas empfängt – das Medium kann sich jedoch weder aussuchen, über wen es etwas empfängt, noch wer sich aus der geistigen Welt meldet, reine Glückssache also.

Ich muss mir auch keine Sorgen machen, ob mich mein Schulenglisch ausreichend auf die Kommunikation mit einem Medium vorbereitet hat: Petra Knickenberg (Knickenberg, Knickenberg, Knickenberg) übersetzt den ganzen Abend lang simultan ins Deutsche.

»Nee, lass mal«, sagt Anne, als ich versuche, sie zum Mitkommen zu überreden. Angeblich hat sie schon etwas vor, ich halte es aber für wahrscheinlich, dass sie eine eventuelle Konfrontation mit ihrer verstorbenen Oma vermeiden möchte – immerhin macht Anne sie seit Jahren für ihre verlegten Schlüssel und die Parkplatzsituation in der Münchner Innenstadt verantwortlich. Auch L. zeigt wenig Enthusiasmus, mich zu begleiten: »Unter gar keinen Umständen«, sagt er, und Jana kann ich eh vergessen. Mit der würde ich vermutlich hochkant rausfliegen. Und so drücke ich an diesem Montagabend alleine die altmodische Glastüre eines in die Jahre gekommenen Dreisternehotels in der Nähe vom Bahnhof auf. Hier, am Ende des Flurs, in einem kleinen Saal hinter dem Frühstücksraum, auf dem schon die Gedecke für morgen früh stehen, wird heute mit dem Jenseits kommuniziert, und ich bin dabei. Ich bin mal wieder zu früh und setze mich an einen der gedeckten Tische. Ein paar Leute sind schon da, so, wie es aussieht, eine Gruppe, die sich schon kennt. Das ist wie früher in der Schule in der Raucherecke: Sie stehen etwas abseits, kennen das alles schon und wissen, wie der Hase läuft. Nur mit dem Unterschied, dass die Truppe hier im Schnitt 70 ist und nicht 17.

»Außerdem war ich viermal in London …«, höre ich eine kleine, weißhaarige Frau mit vorstehenden Augen sagen und kurz darauf trumpft eine ältere Dame in Tracht auf: »… die von heute kenne ich schon, die war im Ibis …«, und wenn Ibis nicht eine esoterische Fachterminologie ist, dann meint sie wahrscheinlich ein Hotel. Die gehen öfter zu solchen Veranstaltungen, das sind Profis, so sieht's aus.

Als sich die Tür zu dem Veranstaltungsraum öffnet, suche ich mir einen Platz ganz hinten – am Ende wird man noch auf die Bühne geholt, wer weiß, wie das hier abläuft bei den Medien. Allmählich füllt sich der Raum mit seinen Holzstuhlreihen, 25 sind wir schließlich, der Altersdurchschnitt ist so um die 50 und insgesamt sind sechs Männer dabei.

Bevor unser Medium auftritt, erzählt Petra Knickenberg, dass man das Medium-Sein lernen kann, was mich überrascht. *Medium* tauchte zu meiner Zeit in der Auswahl der Lehrberufe nirgends auf:

Was machst du nach dem Abschluss?

Steuerfachgehilfin, und du?

Och, ich glaube, ich werde Medium.

Aber es gibt einen feinen Unterschied zwischen »medial« und »hellsichtig«: Mediales Arbeiten funktioniert mit Techniken, die man lernen kann, um eine Verbindung zur geistigen Welt herzustellen, wohingegen Hellsichtigkeit allein auf Intuition beruht. Sagt Frau Knickenberg. Wir müssten auch keine Angst haben, dass hier Geheimnisse ausgeplaudert würden, falls uns das Medium anspricht, denn die Botschaften würden so formuliert, dass man persönlich versteht, worum es geht, obwohl es in allgemeinen Worten verpackt ist. Außerdem sollen wir laut mit »Ja« oder »Nein« antworten, wenn wir angesprochen werden, je nachdem, ob die Aussage zutrifft oder nicht – die im Jenseits können nämlich ein Nicken oder ein Kopfschütteln nicht sehen, sagt Frau Knickenberg. Die Profis, die ganz vorne sitzen, ruckeln schon auf ihren Stühlen hin und her und endlich ist es so weit: Petra Knickenberg stellt unser Medium vor: Donna Richards.

Donna Richards ist überhaupt keine ältere Dame mit gefärbtem Haar, sondern eine rundliche, quietschfidele und energiegeladene Mittvierizigerin mit einem schwarzen Lockenkopf und strahlend blauen Augen mit Lachfältchen drum herum. Sie legt auch gleich los und gibt einen Stapel verdeckter Karten durch, wovon jeder eine zieht. Auf den Karten ist irgendein Bildchen in Pastell und am unteren Rand eine Zahl. Die sollen wir uns merken, das ist »unsere« Zahl, dann werden die Karten wieder eingesammelt. Donna wird nun Nachrichten für eine bestimmte Zahl empfangen, ohne selbst zu wissen, um wen es geht. Die Profis in der ersten Reihe setzen sich etwas aufrechter, als wollten sie sagen: Nimm mich!

Nimm nicht die, denke ich mir insgeheim, *nimm lieber mich!* Ich bin nämlich inzwischen gespannt wie ein Flitzebogen. Meine Nummer ist die 40 und ich denke ganz fest an die 40, vielleicht nützt es ja etwas. Donna legt den Kopf ein bisschen schief, als ob sie irgendwo genau hinhören müsste.

»Dies ist eine Nachricht für die Zahl ... 18!«, sagt Donna. *Mist*, denke ich und sehe mich um, ob man irgendjemandem an der Nasenspitze ansieht, dass er/sie gemeint ist. Ich sehe nichts.

»Diese Person ist gut in Entscheidungen«, übersetzt Petra, die neben Donna steht. »*Sie ist vernünftig und hat einen warmen Charakter. Sie wird bald eine Reise machen, ich spüre, dass gerade sehr viel los ist, viele Verwirrungen, eine Entscheidung ist fällig. Es ist eine starke Person. Die Person könnte mehr für sich selbst tun, etwas Kreatives, hat das aber zurückgestellt. Sie hofft, dass alles gut geht mit der Reise.*«

»Das bin ich«, strahlt eine Frau im geblümten Rock.

»Ich weiß«, lächelt Donna, »und konntest du damit etwas anfangen?«

»Ja«, strahlt die Geblümte und sieht ganz beseelt aus.

Die 40, die 40, versuche ich es wieder telepathisch.

»*Die 29*«, sagt Donna. Menno! »*Ich spüre viel um diese Zahl herum, viele Menschen, es könnte jemand sein, der studiert und sich in einer Klasse oder Gruppe befindet. Es ist jemand mit einem spirituellen Bezug, könnte sein, dass derjenige gerade eine Entscheidung sucht. Es gibt eine Frau aus der geistigen Welt, die hilft, vielleicht nimmt derjenige sie schon wahr…*« Donna sieht sich um. »Wer ist die 29?«, fragt sie.

»Ich«, kommt es von einer brünetten Frau zwei Reihen vor mir. »Und studieren Sie?«, fragt Donna, »Nein, aber ich habe viele Leute um mich herum, eine große Familie, viele Freunde…«, antwortet die Brünette.

»*Du bist eine sehr zielstrebige Person, du kannst gut Probleme lösen, aber ich empfange, du solltest mehr Farbe in dein Leben lassen, das Leben genießen – sagt dir das was?*«

»Ja«, nickt die Brünette. Donna freut sich und ich freue mich mit, muss aber daran denken, dass Anne, hätte sie diese Botschaft bekommen, völlig aus dem Häuschen gewesen wäre. Hat die Aussage auf Sie auch ein bisschen zugetroffen? Oder diese, von der Nummer 7?

»Diese Person hat vielleicht etwas Schwierigkeiten mit dem Gleichgewicht oder mit dem Stehen, könnte sein, dass sie eine Brille braucht. Es handelt sich um eine spirituelle Person, die sehr kommunikativ ist. Oft suchen andere Menschen bei dieser Person Rat, ich spüre viel Liebe um sie herum, es ist eine sehr warme Person.«

Oder trifft das hier auf Sie zu, von der Nummer 39? (*knapp daneben, Mist*):

»Es handelt sich um jemanden mit hoher Moral und starken Prinzipien. Die Person hat ein gutes Gleichgewicht zwischen Kopf und Herz, sie kann die Dinge gut trennen und ist ein guter Freund, wenn man erst mal ihre Freundschaft erlangt hat. Die Person kann gut schreiben.«

Die Nummer 39 zögert: »Ja, das stimmt schon, aber schreiben … eher weniger …« Sie denkt kurz nach. »Also ich kann zumindest besser schreiben als reden!«

Donna Richards gibt zu bedenken: »Ich habe das von früher und von der Zukunft empfangen.«

Haben Sie früher mal Tagebuch geführt? Sehen Sie: passt!

Donna sieht langsam in die Runde, ich versuche so auffällig wie möglich auszusehen. *40, nimm die 40, sende ich telepathisch in ihre Richtung.* »Die 17!«, strahlt Donna.

»Dieser Mensch sagt geradeheraus, was er denkt. Er hat eine starke Meinung und ich sehe Rauch – vielleicht ein Raucher, oder ein Exraucher, vielleicht hat er was mit Feuer gemacht. Er ist sehr eingespannt und hat mit Papieren zu tun, der Hauptteil der Botschaft ist: Entspanne dich.«

Aufmerksam blickt sie von einem zum anderen. »Wer ist das? Die 17?«

»Ich«, meldet sich eine zierliche Frau, »aber ich habe noch nie geraucht!«

Donna überlegt, »Aber vielleicht jemand um Sie herum? In der Familie?« Da stupst ihre Begleiterin sie an: »Aber wir haben gerade vorhin vom Rauchen gesprochen!«

»Stimmt«, erinnert sie sich.

Na ja – ob nicht jeder mal jemanden kannte, der mit jemandem verwandt war, der mal jemanden gesehen hat, der geraucht hat? Ist das nicht alles eine verteufelt schwammige Sache? Die Aussagen können sich auf die Vergangenheit und auf die Zukunft beziehen und sie können symbolisch gemeint sein. Eine »Reise« kann zum Beispiel der geplante Urlaub auf Mallorca sein, aber auch die Lebensreise generell, eine Veränderung oder ein Aufbruch zu neuen Ufern, beruflich oder privat oder sonst wie. Die Aussagen sind eher gemeingültig und man sucht automatisch nach Treffern – nicht aber nach Hinweisen, die dem widersprechen.

Bekannt ist dieses Phänomen als der *Barnum-Effekt*. Um zu zeigen, wie sehr Menschen dazu neigen, allgemeingültige Aussagen auf sich zu beziehen, hat der Psychologe Bertram R. Forer im Jahr 1948 seine Studenten scheinbar einen Persönlichkeitstest machen lassen. Das Ergebnis des Tests sollten die Studenten auf einer Skala von 0 (trifft nicht zu) bis 5 (trifft sehr zu) beurteilen. Was die armen Hasen nicht wussten: Der Text war für alle der gleiche, Forer hatte ihn aus Zeitungshoroskopen zusammengeschrieben und er lautete so:

»Sie brauchen die Zuneigung und Bewunderung anderer, dabei neigen Sie zu Selbstkritik. Zwar hat Ihre Persönlichkeit einige Schwächen, doch können Sie diese im Allgemeinen ausgleichen. Sie haben beträchtliche Fähigkeiten, die brachliegen, statt dass Sie sie zu Ihrem Vorteil nutzen. Äußerlich diszipliniert und kontrolliert, fühlen Sie sich innerlich ängstlich und unsicher. Mitunter zweifeln Sie ernstlich an der Richtigkeit Ihres Tuns und Ihrer Entscheidungen. Sie bevorzugen ein gewisses Maß an Abwechslung und Veränderung, und Sie sind unzufrieden, wenn Sie von Verboten und Beschränkungen eingeengt werden. Sie sind stolz auf Ihr unabhängiges Denken und nehmen anderer

Leute Aussagen nicht unbewiesen hin. Doch erachten Sie es als unklug, sich anderen zu freimütig zu öffnen. Manchmal verhalten Sie sich extrovertiert, leutselig und aufgeschlossen, manchmal auch introvertiert, skeptisch und zurückhaltend. Ihre Wünsche scheinen mitunter eher unrealistisch.«[8]

Der Durchschnitt, mit denen die Studenten schließlich beurteilten, wie sehr das Ergebnis auf sie zutraf, waren satte 4,26 Punkte. Der Test wurde seitdem noch viele Male wiederholt, immer mit dem gleichen Text und der Durchschnitt ist dabei immer um die 4.

»Die 40!«, reißt es mich aus meinen Gedanken. Die 40! Das bin ich, das bin ich! Angestrengt sehe ich auf den Boden, um mich nicht gleich zu verraten.

»*Diese Person ist gut organisiert und kreativ. Sie geht einer kreativen Arbeit nach und ist mit einer Arbeit noch nicht fertig, vermutlich macht sie demnächst eine Auszeit. Sie mag Blumen sehr und soll in ihrer kreativen Arbeit unbedingt weitermachen, denn darin wird sie immer stärker. Sie ist bescheiden und dabei kreativer, als sie selbst von sich denkt. Freunde und Familie wissen um ihre Begabung und bestärken sie darin.*« Donna hebt den Kopf, »Die 40? Wer ist das?«

»Ich!«, krächze ich aus meiner hintersten Reihe, mir hat es gerade die Sprache verschlagen.

»Was ist das mit den Blumen? Ich habe Blumenreihen gesehen«, fragt Donna nach. »Blumenreihen nun nicht gerade, aber ich habe einen Gemüsegarten«, überlege ich laut. »Oh, dann waren die Reihen Pflanzen wohl Gemüse. Und gehen Sie einer kreativen Arbeit nach?« Gehe ich.

Jetzt, wo mir ein Licht aufgegangen ist, wie das Ganze funktioniert, legt Donna so eine perfekt sitzende Botschaft hin – wie hat

---

8 Die deutsche Übersetzung ist aus Wikipedia übernommen.

sie das nur gemacht? Da stimmt ja jede Kleinigkeit! Da kommt man sich ja vor wie beim *Mentalist*.

»So«, schaltet sich Petra Knickenberg wieder ein, »wir sind dann fertig mit den Karten«, und in der ersten Reihe sacken ein paar Schultern nach unten. Die sind bestimmt enttäuscht, weil keine Botschaft für sie dabei war. »Donna wird jetzt ein bisschen herumgehen und zu einigen von Ihnen sprechen, sie wendet dabei mediale, aber auch hellsichtige Methoden an.« Zack, reckt sich die erste Reihe wieder nach oben.

»Ich sehe einen Mann«, sagt Donna zu einem Herrn mit Brille ein paar Plätze weiter. »Sie sollen weitermachen, Sie sollen für sich selbst einstehen. Sie sind ruhig und sanft und werden oft übersehen.« Der Herr sieht sie mit großen Augen an, Donna spricht weiter: »Ich sehe eine Uhr, der Mann deutet auf die Uhr – vielleicht geht es um eine bestimmte Uhrzeit oder er hat Ihnen eine Uhr geschenkt.« Der Herr kratzt sich am Kopf. »Kein Problem«, macht Donna weiter, »waren Sie vielleicht früher in einer Fußballmannschaft?«

»Nö«, schüttelt der Bebrillte den Kopf.

»Derjenige aus der geistigen Welt hat da eine Verbindung zu, er trägt solche Hosen – sagt Ihnen das irgendwas?«

»Nö«, antwortet der Bebrillte wieder.

»Haben Sie noch etwas mit einem Geschäft zu tun?«, fragt Donna jetzt, »denn er hat irgendwas mit einem Geschäft zu tun. Er zeigt mir eine Bäckerei, ein altes Gebäude in einem Dorf – so um 1940?«

Der Herr sieht Donna mit einem großen Fragezeichen in den Augen an.

»Es ist mehr der Ort, der wichtig ist«, legt sie nach. »Und ich sehe wieder die Uhr.«

Jetzt ist dem Herrn etwas eingefallen: »Da gab es einen Verwandten väterlicherseits, von dem ist eine Uhr in Familienbesitz.«

Donna fragt nach: »Und war der vom Dorf?«

»Ja!«, freut sich der ältere Herr.

»Er will, dass Sie die Gelegenheit nutzen, jetzt ist die Zeit, neue Dinge zu tun«, überbringt Donna die Botschaft des geheimnisvollen Bäcker-Fußballers. »Können Sie damit etwas anfangen?«

»Ja«, nickt der Herr und sieht ganz zufrieden aus.

Donna dreht sich zu einer füllligen Frau um, die mit ihrer Tochter gekommen ist:

»Haben Sie die Ringe von irgendjemand?«

»Ja!«, antwortet die überrascht.

Donna nickt und ihre schwarzen Locken wippen. »Sie haben sie und Sie heben sie gut auf, aber Sie haben sie lange nicht angesehen. Eine Dame will, dass Sie die Ringe rausholen, es geht um Erinnerungen.«

So geht das noch eine Weile weiter und nach fast zwei Stunden ist der Kontakt mit dem Jenseits beendet. Die kleine, weißhaarige Frau mit den vorstehenden Augen aus der Profi-Gang ist sichtlich enttäuscht: »Nie ist eine Botschaft für mich dabei«, mammelt sie.

Ich drücke die Glastür des Hotels auf, draußen geht ein kalter Wind und da steht die füllige Frau mit ihrer Tochter, die Mutter sieht verzweifelt aus: »Ich weiß nicht, wo der Ring sein könnte, aber er kann doch nicht einfach verschwinden …«

An diesem Abend grüble ich noch ein bisschen vor mich hin: Haben die meisten Frauen nicht irgendeinen vererbten Ring zu Hause in der Schmuckschachtel? Hätte meine persönliche Botschaft auch auf die meisten anderen gepasst? Anne ist am nächsten Morgen die Erste, die sofort wissen will, wie alles war und ob ich mit jemandem aus der anderen Welt gesprochen habe.

»Klar«, versuche ich so lässig wie möglich zu sagen, »ich soll dich schön grüßen, du mögest auf deinen blöden Schlüsselbund doch bitte selbst aufpassen!« Anne schnappt nach Luft. »Echt jetzt? Du verarschst mich doch!«, und ich muss lachen. Andererseits fühle ich mich selbst ein bisschen wie Anne: Hat mich da auch jemand verarscht? Nur bekomme ich im Gegensatz zu Anne keine Antwort.

»Man sollte einfach niemanden dazwischenschalten!«, findet Hagen und beißt herzhaft in ein Wiener Würstchen. Hagen ist ein Freund von L. und kommt gerne mal auf einen Sprung vorbei – besonders seit seine Freundin Susanne Veganerin geworden ist und den Anblick von toten Tieren in ihrem Kühlschrank nicht mehr erträgt.

»Ein Medium ist doch auch nur so etwas wie ein Immobilienmakler – ein Vermittler, den man bezahlen muss!«, findet Hagen.

»Du meinst, alles muss man selber machen, sogar mit den Toten reden?«, frage ich, und Hagen nickt kauend. »Exakt.«

Das erinnert mich wieder an die Notiz im Bella Napoli und ich erzähle Hagen und L. von der Idee mit der Rückführung. Die beiden sehen nicht begeistert aus. »Hey, da erfahre ich, wer ich in einem früheren Leben mal war! Das ist doch aufregend!«

L. faltet die Hände und beugt sich über den Tisch in meine Richtung: »Und was machen wir«, sagt er und sieht mich ernst an, »wenn du zum Beispiel – Hitler warst?«

Haaaaahaha – platzt es aus Hagen und es regnet Wienerstückchen auf unseren Tisch. »Entschuldigung«, japst Hagen und holt Küchenpapier von der Anrichte, um den Wurstregen aufzuwischen, kichern muss er aber immer noch. »Oder stell dir vor, du warst gar kein Mensch, sondern eine Seegurke!«

»Oder deine Oma Hermine!«, legt L. noch eins drauf.

»Jetzt ist es aber gut«, finde ich, »Hitler okay, aber Oma Hermine, das geht echt zu weit.« Wobei mich das mit der Seegurke doch verwirrt: Kann man in einem früheren Leben überhaupt ein Tier gewesen sein? Das habe ich ja noch nie gehört …

»Klar kann das sein, da passiert bestimmt mal der eine oder andere Fehler bei der Reinkarniererei«, fachsimpelt Hagen, »wenn man sich nur mal vorstellt, wie chaotisch ein Wandertag einer dritten Klasse zum Beispiel abläuft, und das sind nur etwa 20 Kinder, kann man sich ein ungefähres Bild davon machen, was während einer Reinkarnation alles passieren kann. Schließlich wandern weltweit bestimmt über 100 000 Seelen täglich!«

»Stimmt«, pflichtet L. ihm altklug bei, »da ist bestimmt schon der eine oder andere statt im Nirwana in Indiana aufgewacht.«

»Oder in Silvana«, haut sich Hagen auf den Oberschenkel.

Ich sehe schon, das hat keinen Sinn mehr, die schaukeln sich jetzt gegenseitig hoch, und während die beiden darüber spekulieren, was bei Reinkarnationen alles schiefgehen könnte, gehe ich ins Arbeitszimmer und suche mir im Internet einen Rückführungsprofi.

Die Rückführung

Nachdem ich bei meiner Internetrecherche alle aussortiert habe, die mit dem Yin-und-Yang-Symbol auf ihrer Seite werben, die zu weit weg sind oder mir gleich ein paar Kilos weghypnotisieren wollen, habe ich ihn, den Rückführer meines Vertrauens: Reinhold Segl.

> **Reinhold Segl**
> **Hypnose München**
> St.-Blasien-Str. 8–10
> 80809 München
> 0177/7591122
> hypnose@reiner-segl.de
> www.hypnose-muenchen-24.de

Er ist Hypnosetherapeut in München mit einer eigenen Praxis, er hat Zeit und er ist willig. Außerdem ist er Mitglied des Deutschen Hypnoseverbands und stolzer Träger folgender Titel:

- Qualitätsmanager und Auditor DIN ISO 9001 TÜV Zert.
- NLP-Mastercoach
- Geprüfter Hypnotiseur
- Hypnose- und Regressions-Coach
- Reinkarnation und Rückführungstherapeut
- DK-Methode (Direkte Kommunikation mit dem Unterbewusstsein)
- Blitzhypnose- und Schnellhypnose-Anwender

Sagen Sie, was Sie wollen, aber so etwas flößt jemandem wie mir, der mit Stiftung Warentest aufgewachsen ist, Vertrauen ein. Endgültig gewonnen hat mich der Hypno mit dem Satz: »*Der Einzige, der stört, ist der Verstand, und den können Sie bei einer Hypnose einmal kurz an der Garderobe abgeben.*«

Das passt perfekt! Ließ sich das Fusselhirn bis jetzt nicht durch Wildeulenspray und Räucherwerk ausschalten, dann vielleicht durch den Hypno. Ich muss auch nur ganz kurz an diese Shows denken, in denen Leute unter Hypnose gackern wie Hühner oder ihren Namen vergessen ...

Andererseits heißt es ja auch, dass man unter Hypnose nichts tun würde, was einem über die moralische Grenze geht – und vor irgendjemandem gackern wie ein Huhn geht definitiv über meine Grenzen. Tatsächlich muss man sich ja fragen, ob man selbst überhaupt geeignet ist, sich hypnotisieren zu lassen – es soll ja Leute geben, bei denen geht das gar nicht! Eine Checkliste auf der Website von Reinhold Segl gibt Auskunft:

Für wen ist die Hypnose nicht geeignet?

1. Für notorische Neinsager, Skeptiker und Kontrollfreaks.
2. Wenn Sie nicht loslassen können.
3. Wenn Sie ein Rechthaber sind.
4. Wenn Sie von sich selbst behaupten, ein Kopfmensch zu sein.
5. Wenn Sie sich schwertun, Gefühle zuzulassen.

»L?«, rufe ich in die Küche, »bin ich eine notorische Neinsagerin?«

»Ja, meine Liebe«, tönt es zurück. »Und eine Skeptikerin? Ein Kontrollfreak?«

»Auch das«, antwortet L. fröhlich. Die restlichen Fragen beantworte ich mir selber: insgesamt macht das fünfmal *Ja*. Lieber Reinhold Segl, das wird anstrengend.

Die Praxis von Reinhold Segl ist in einem Bungalow-Pavillon untergebracht, eins von diesen vorgelagerten kastenförmigen Gebäuden vor Wohnanlagen, wo auch gerne mal ein Sonnenstudio oder der zuständige Getränkemarkt sind. In der Hoffnung, Reinhold Segl möge ganz, ganz anders aussehen als die Betreiber von Sonnenstudios, trete ich ein.

»Hallo, Alexandra Reinwarth, nehme ich an?«, fragt eine freundliche Stimme, und da sitzt er: hinter einem schicken Glasschreibtisch, mit grauem Kurzhaarschnitt und Schnauzer: Reinhold Segl. Reinhold Segl sieht zu meiner Erleichterung überhaupt nicht aus wie ein Sonnenstudio-Betreiber – sondern wie ein Mathelehrer! Der Schnauzbart ist akkurat gestutzt und die stahlblauen Reinhold-Segl-Augen haben diesen durchdringenden Blick, mit dem Mathelehrer innerhalb von Sekunden denjenigen identifizieren, der an diesem Tag am schlechtesten vorbereitet ist. Wie alle Mathelehrer umweht ihn diese Streng-aber-gerecht-Ausstrahlung und ich bin froh, dass es so gut wie ausgeschlossen ist, dass ich hier und heute an die Tafel muss. Im Gegenteil, ich darf hier Fragen stellen, und zwar so viele ich will: Der Hypno sagt, es ist wichtig, dass ich ihm vertraue, deswegen plant er immer ungefähr eine Stunde Vorgespräch ein. Ich sage ihm nicht, dass ein altes Sprichwort von Oma lautet:

Keine Angst vor dem Hoppla-jetzt-komme-ich-Typ, aber nimm dich bloß in Acht vor den Vertrau-mir-liebes-Kind-Männern!

Wie lange er das jetzt schon macht, will ich wissen, man lässt sich ja schließlich nicht von jedem dahergelaufenen Mathelehrer in Trance versetzen. »Über 25 Jahre«, sagt der Hypno, zuerst nur als Coach und Existenzgründungsberater, dann kam die Hypnose als Instrument dazu. So hat er verschiedene Methoden zur Verfügung: Über das Gespräch kann er den Verstand seiner Kunden beeinflussen und über die Trance das Gefühl, das Unterbewusste.

Von mir will Reinhold Segl lediglich wissen, ob ich Allergien oder einen niedrigen Blutdruck habe (*nein*), wie mein allgemeiner Gesundheitszustand ist (*gut*) und ob wir während der Rückführung eventuell auf das eine oder andere Trauma stoßen könnten (wie gesagt, meine Mutter war ein Hippie, also: *ja*).

Damit die Hypnose ein voller Erfolg wird, gibt es auch eine Liste mit guten Ratschlägen, die ich so gut es geht befolgen werde:

- Vertrauen Sie dem Hypnotiseur zu 100 Prozent.
- Seien Sie fest entschlossen, sich hypnotisieren zu lassen.
- Kontrollieren Sie nicht Ihren Zustand.
- Hören Sie zu, konzentrieren Sie sich auf die Stimme des Hypnotiseurs.

- Tun Sie nichts bewusst, sondern lassen Sie alles von alleine geschehen.
- Erwarten Sie nicht, dass Sie sich entspannen, sondern beobachten Sie nur.
- Falls Sie doch einmal kontrollieren (was menschlich ist), lassen Sie bewusst wieder los und es geht sofort wieder tiefer.

Die Chancen, dass es überhaupt gelingt, mich zu hypnotisieren, stehen nicht schlecht: wenn ich schon mal bei einem Film geweint habe, sagt der Hypno, oder beim Autofahren schon einmal erlebt habe, am Ziel anzukommen, ohne mich an den Weg erinnern zu können, dann sind das Anzeichen für leicht hypnotische Trancezustände. Also wenn es danach geht, dann wird das easy: Zeigt mir den sterbenden Winnetou, und ich falle vor Schluchzen ins Koma.

Das wird super, denke ich, aber, und jetzt kommt eine herbe Enttäuschung für mich und für alle diejenigen, die gerne *Dr. Mabuse* geguckt haben: Die Hypnose ist kein bewusstloser Zustand. Man ist also nicht »weg« im Sinne von verdrehten Augen und totalem Blackout, sondern man bekommt alles mit, was der Hypnotiseur sagt.

Wie allerdings geht das dann in den großen Bühnenshows, wo reihenweise die Leute umfallen und gackern und ihren Namen vergessen?

»Na ja«, lächelt der Hypno, »ich wurde selbst mal bei so einer Showveranstaltung hypnotisiert. Das war in einer Diskothek und mir wurde gesagt, wenn ein bestimmtes Lied kommt, würde ich eine zuvor platzierte Waffe unter dem DJ-Pult hervorholen und auf den Hypnotiseur schießen.«

Das hat er dann auch prompt getan, der Hypno. Allerdings nicht, ohne überhaupt nicht zu wissen, was er tut: »Ich dachte mir, wenn der das gesagt hat, dann ist das schon in Ordnung, dann passiert da auch nichts.« Es wurde also keineswegs das Segl'sche

Bewusstsein ausgeschaltet, sondern durchaus noch die Entscheidung abgewägt. (Natürlich befand sich in der Waffe *keine* scharfe Munition.) Ob dann diejenigen, die anfangen wie Hühner zu gackern, auch zu einem Teil mitmachen, anstatt ferngesteuert zu sein? »Zu einem großen Teil ja«, sagt der Hypno. Man dürfe aber das Unterbewusstsein nicht unterschätzen: Es ist durchaus möglich, dass man selbst nicht den Eindruck hat, in Hypnose gewesen zu sein, und trotzdem nach einer Sitzung Veränderungen feststellt: zum Beispiel dass man von einem Tag auf den anderen seine Ernährung umstellt, wenn Gewichtsreduktion das Thema war.

»Und wenn Rückführung das Thema ist«, frage ich, »waren dann die meisten Kleopatra oder Cäsar?« Der Hypno schüttelt amüsiert den Kopf, »Nein, die meisten waren Bauern.« Da fällt mir L.s Befürchtung wieder ein: »Und war schon mal jemand Hitler?« Aber wieder schüttelt der Hypno den Kopf.

»Und sonst was Abgefahrenes?«, hake ich nach. »Nun«, antwortet der Hypno, »ich hatte mal einen, der ist in einem Kerker verhungert, das könnte man im weitesten Sinn als *abgefahren* bezeichnen.« Der Gedanke, dass ich vielleicht gar nicht freiwillig aus meinem früheren Leben geschieden bin, ist mir ja noch gar nicht gekommen!

»Und wenn ich gar nicht an Wiedergeburt glaube?« Schließlich bin ich von dem Konzept noch nicht so hundertprozentig überzeugt – ich meine, stellen Sie sich mal vor, Sie haben zu Lebzeiten Ihr Karmakonto in die Miesen geritten und werden als, sagen wir, Mistkäfer wiedergeboren. Was machen Sie da, um wieder aufzusteigen? Besonders schöne Kackbällchen drehen?

»Ob man daran glaubt oder nicht«, sagt der Hypno, »ist egal. Entweder es gibt die Wiedergeburt und wenn nicht, dann ist es zumindest eine schöne Vorstellung.« Und damit hat er es, mein Vertrauen. Daher liege ich voller Vorfreude statt voller Skepsis nun auf dem wirklich aller-allerbequemsten Bett der Welt, mit einer kuscheligen Decke über mich gebreitet, und gucke nach oben. Reinhold Segl sitzt auf einem Stuhl schräg hinter mir, sodass ich ihn zwar la hören kann, aber nicht abgelenkt werde, weil ich gucke, ob sich beim Sprechen vielleicht Blasen in seinen Mundwinkeln bilden oder wie sich der Schnauzer bewegt.

»Du bist ganz ruhig, ganz entspannt ...«, fängt die tiefe, sonore Stimme vom Hypno an, und es dauert keine fünf Minuten, da höre ich nicht mehr aufmerksam zu, sondern seine Worte tropfen wie dicker Honig durch meine Ohren in mein Hirn und legen sich dort schwer auf mein Spitz-pass-auf-Zentrum.

Während seine Stimme mich immer weiter in die Vergangenheit schickt, » ... noch früher, gehe noch weiter zurück«, ploppen vor meinem geistigen Auge Bilder aus meiner Kindheit auf – vorrangig diejenigen, welche als Foto verewigt in meinem Fotoalbum pappen. Ich beantworte auch brav alle Fragen von Reinhold Segl, wenn er wissen will, was ich gerade sehe, nur klebt vor lauter Entspannung meine Zunge etwas am Gaumen, weswegen ich etwas nuschle. Schließlich kommen wir, man will es nicht glauben, wieder an diesen Punkt, an dem es heißt: »... es ist ganz dunkel, sieh dich um, was siehst du?«

Für einen kurzen Moment blitzt das Konterfei des Führers auf und ich bedanke mich im Stillen bei L. Es dauert ein paar Minuten, bis ich L. und den Führer wieder vergessen habe und wieder in das wohlige Dämmern sacken kann. Das prinzipielle Problem, das auch schon bei den Engeln und den Schamanen aufgetaucht ist, nämlich dass man im Dunkeln eben nichts sieht, bleibt bestehen. Und wie schon zuvor, ist trotz genauem Gucken hinter meinen Augendeckeln lediglich dieses schwarz-weiße Geflimmer zu sehen, was entfernt nach Streptokokken aussieht. Oder nach Chromosomensätzen. Hat der Hypno gerade gefragt, ob wir in einem Zimmer sind oder draußen? Kann sein: ... an was das schwarz-weiße Geflimmer ja noch erinnert, sind diese – kennen Sie Lamellenvorhänge? Diese Stoff- oder Plastikstreifen, die man so auf- und zudrehen kann? Und schon sehe ich sie klar und deutlich vor mir. »Lamellenvorhänge!«, sage ich nicht ohne Stolz und der Hypno fragt, wo die sind. Also mal ehrlich ... wo sollen die schon sein: »In einem Zimmer!« Und prompt will der Hypno wissen, ob das Zimmer eine Tür hat. Aber welches Zimmer hat denn bitte keine Tür? »Ja!«, antworte ich und mein Hypno meint, ich solle die Tür öffnen.

Es ist jetzt nicht direkt so, dass ich angestrengt überlege, aber ich sehe schon in etwa das vor mir, was mir logisch erscheint: Lamellenvorhänge kenne ich aus Zahnarztpraxen und generell aus medizinischen Einrichtungen, also öffne ich vor meinem geistigen Auge die Tür und stehe prompt auf einem irgendwie »medizinischen« Gang: Sie wissen schon: grauer Linoleumboden und ein durchgehender Handlauf vor hellgelber Wand, eine Kombi, wie es sie nur das öffentliche Gesundheitssystem hervorbringt. Dieses Bild wiederum erinnert mich an das Altenheim, in dem mein Opa war. Wenn man da den Gang entlangging, kam man zum Speisesaal und davor war rechter Hand die Pforte mit den Glastüren nach draußen.

»Wenn du den Gang entlanggehst, was siehst du da?«, höre ich die Stimme von Reinhold Segl.

»Da komme ich zum Speisesaal und rechter Hand ist eine Pforte mit Glastüren nach draußen ...« Ob ich mich dort wohlfühle, will er wissen – ganz klar *Nein*. Altenheime kriegen ja selten eine gemütliche Chill-out-Wohlfühl-Atmosphäre hin.

»Dann verlassen wir doch das Gebäude«, schlägt die Reinhold Segl-Stimme vor und ich drücke die schwere Glastür auf nach draußen, wo ein gewundener Weg aus Kopfsteinpflaster zur Straße führt. Just wie der Weg vor Opas Altenheim. Und da ist ja auch die Bushaltestelle! Sie ahnen es: auch die gibt es im wirklichen Leben. Trotzdem stelle ich mir diese Dinge nicht aktiv vor – sie kommen mir einfach so in den Sinn. Allerdings kommen mir generell alle möglichen Sachen in den Sinn, fragen Sie nur L.

»Wohnst du in dem Altenheim?«, will der Hypno wissen und ich glaube, es hakt. Ich bin doch nicht alt – also: »Nein«. Was ich allerdings als Nicht-Insasse an der Bushaltestelle vor diesem Altenheim mache ... »Sieh an dir herunter«, sagt der Hypno, und als ich im Geiste gucke, geht mir gleichzeitig mit dem Erkennen ein Licht auf: Beige Gesundheitsschuhe! Natürlich, ich arbeite dort!

»Und? Was warst du?«, fragt L. noch bevor ich die Wohnungstüre wieder hinter mir geschlossen habe. »Prinzessin? Altägyptische Herrscherin? Oder warte, sag nichts: du warst Mary Shelley und mit den Tantiemen von *Frankenstein* haben wir nun endlich ausgesorgt!« Ich schüttle den Kopf und pfeffere meine Jacke in die Ecke. L. zieht die Augenbrauen nach oben: »Was ist los? Gab es Zoff im Jenseits?«

»Nein«, versuche ich zu erklären, »es ist nur ... ich weiß auch nicht.« Fragend sieht L. mich an, »Hast du dir vielleicht etwas anderes erwartet?«

»Definitiv«, nicke ich und schenke mir einen Kaffee ein, als L. aufsteht und von hinten die Arme um mich legt. »Armes«, sagt er und legt seinen Kopf an meinen, »was war es denn nun, hm?« Seufzend lehne ich mich an ihn. »Versprich, dass du nicht lachst.«

»Versprochen.«

»Also gut, ich war Altenpflegerin.«

Stille.

L. hält mich immer noch im Arm und sagt gar nichts. »L.?«

Und dann höre ich es: dieses Geräusch, wenn jemand versucht, ein Kichern zu unterdrücken. »L.?« Langsam drehe ich meinen Kopf, bis ich ihm in die Augen sehen kann. »Hm?«, macht L. und beißt sich noch einen Moment auf die Lippen, bis er schließlich in lautes Gelächter ausbricht.

»Sehr witzig«, finde ich und trete nach hinten gegen sein Schienbein. »Auuhuhu«, lacht er und hält sich das Schienbein dabei. L. setzt sich wieder und reibt die schmerzende Stelle. »Es ist nur«, versucht er sich zu erklären, »ich kann mir dich eben nur schwer als guten Engel im Altenheim vorstellen.« Ich hole noch einmal mit meinem Fuß aus, diesmal vor dem anderen Schienbein. »Das ist nicht böse gemeint«, wehrt L. die Attacke ab, »es ist nur so – überraschend!« Da hat er natürlich recht – mich hat es ja auch ziemlich überrascht, also boxe ich ihm nur leicht gegen die Schulter.

»Du nimmst das alles nicht so richtig ernst«, beschwere ich mich. Da nimmt L. meine Hand und sieht mir in die Augen: »Aber Alex, das ist doch alles ein, ein ...«

»Shanti-Käse mit Soße?«, vermute ich.

»Genau«, nickt L., und ich entziehe ihm ärgerlich meine Hand. »Aber es könnte doch zumindest sein, dass es irgendetwas gibt! Vielleicht keine Engel in Pasing, aber – etwas anderes eben!«

»Ach komm«, winkt L. ab, aber ich lasse nicht locker: »Was macht dich da so sicher? Das ist doch – ignorant!« Ich fasse es nicht, wir sind auf dem besten Weg, uns wegen Engeln in die Wolle zu kriegen.

»Zum einen gibt es da diesen Eine-Million-Dollar-Preis«, fängt L. an, und ich unterbreche sofort: »Eine Million? Für was?«

Es gibt einen Preis über eine Million Dollar, erklärt mir L. daraufhin, der ausgeschrieben ist und an denjenigen ausgezahlt wird, der paranormale Fähigkeiten nachweisen kann! L. weiß die Teilnahmebedingungen leider nicht auswendig, also setze ich mich an den Computer und es stimmt: Der kanadische Zauberkünstler James Randi hat zum ersten Mal mittels seiner Foundation im Jahr 1964 ein Preisgeld von 1000 Dollar demjenigen versprochen, der unter objektiven Bedingungen seine paranormalen

Fähigkeiten unter Beweis stellen könnte. Anscheinend wurde er mit der Zeit mutiger, inzwischen beträgt das Preisgeld tatsächlich eine Million Dollar. Das Geld ist in Form eines Wertpapierdepots bei Goldman Sachs tatsächlich vorhanden und muss dem Gewinner ausgezahlt werden. Inzwischen muss man aber gar nicht mehr so weit reisen: Die belgische Skeptikerorganisation *SKEPP* hat nachgezogen und eine Million Euro ausgeschrieben für »*den Nachweis einer Fähigkeit, die nach heutigem Stand der Wissenschaft unmöglich ist*«.

Oh Mann, ob das die Rutengeher von der Lebensfreude-Messe wissen?

Die deutsche Entsprechung der Skeptikerorganisation, die GWUP (Gesellschaft zur wissenschaftlichen Untersuchung von Parawissenschaften), unterstützt die belgischen Kollegen und testet die deutschsprachigen Kandidaten. Die Letzten, die sich dort diesem Test unterzogen, waren:

- Ein Rutengeher, der mittels einer selbst gebauten Doppelrute aus Draht ein Handy zu orten versuchte. Dieses war versteckt in einem von zehn identischen Margarinebechern, jeweils abgedeckt von einer Fliese. Die Tester losten vor jedem Durchgang aus, in welchen Becher das Handy (im Stand-by-Modus) gelegt wurde, und los ging die Sucherei. Die Testbedingungen werden übrigens für jeden einzelnen Test mit den Bewerbern abgesprochen. Der Rutengeher bestand den Test nicht.

- Ein Medium und Heiler, der behauptete, er könne dank spiritueller Führung Produkte auf ihre Reinheit, Verträglichkeit oder Schadstoffbelastung hin prüfen. Er sei auch in der Lage, ein derart belastetes Objekt durch eine Abdeckung hindurch zu identifizieren. Die Aufgabe, die der Heiler und die Prüfer in Folge zusammen erdachten, war folgende: Ein Stück Apfel wurde mit Insektengift besprüht und in einem Marmeladenglas unter einer weißen Pappschachtel versteckt. Daneben befanden sich neun weitere identische weiße Pappschachteln.

Die Tester losten wieder aus, unter welcher Schachtel der vergiftete Apfel platziert wurde. Insgesamt gab es 13 Durchläufe, in welchen der Heiler einen (1) Treffer landete. Obwohl er über sein schlechtes Abschneiden selbst erschrak und in Erwägung zog, seine Tätigkeit als Heiler und Medium zu überdenken, gab er in einem Interview wenig später bekannt, dass seine spirituelle Führung ihm erlaubt habe, weiterzumachen.[9]

L., der Pragmatiker bei uns zu Hause, meint außerdem, ich hätte das Allernaheliegendste bei der ganzen Spiritualitätsnummer total übersehen.

»Was denn?«, frage ich ungeduldig, aber L. lässt mich schmoren: »Na, was wohl, überleg mal!«

»Meditation?«, rate ich ins Blaue, aber L. schüttelt den Kopf. »Quantenheilung? Kontaktimprovisation? Obertonsingen?«, rate ich weiter und zähle auf, was mir von der Lebensfreude-Messe noch in Erinnerung ist, aber L. lächelt weiter stumm in sich hinein. »Qigong? Tai-Chi? Hui Buh?«

Fehlanzeige.

»Mensch, Alex, denk doch mal nach: Wir sind in Deutschland, Mitteleuropa! Was machen die meisten Leute hier, um Spiritualität zu erfahren?«

Ich hasse es, wenn etwas anscheinend ganz klar ist und ich nicht drauf komme, besonders vor L. »Wünsche ans Universum schicken?«, probiere ich es noch einmal, »Buddha-Figuren in den Garten stellen?« Aber L. wischt meine Vorschläge mit der Hand davon, als müsste er eine lästige Fliege vertreiben. »Sie gehen in die Kirche!«

---

9   Siehe: http://blog.gwup.net/2013/03/07/1-million-euro-test-gescheitert/

DIE KIRCHE

Die Kirche! Auf diese abstruse Idee bin ich wirklich noch gar nicht gekommen – was mein Verhältnis zur Kirche recht treffend beschreibt. Und das, obwohl ich mal getauft wurde und alles. Die Taufe war allerdings schon damals ein Kompromiss zwischen meiner Hippie-Mutter und den zuständigen Großmüttern und Erbtante Else:

Mutter: »Die Institution Kirche ist ein verlogener Scheißverein!«

Omas und Erbtante Else: »Das Kind wird getauft und basta!«

Mutter: »Nein!«

Omas und Erbtante Else: »Dann wird cntcrbt!«

Mutter: »Höchstens evangelisch!«

Nicht, dass meine Mutter irgendeine Idee gehabt hätte, was es mit den Evangelen auf sich hat, sie hatte nur die vage Vorstellung, die evangelische Kirche wäre so eine Art Kirche »light«. Wie sich später in der Schule herausstellte, lag sie damit auch vollkommen richtig. Während der Religionsstunden teilte sich unsere Klasse stets in *evangelisch* und *katholisch* auf, oder etwas bildlicher: in die Gruppe, die zur Gitarre des vollbärtigen Pfarrers »Ins Wasser fällt ein Stein« singen musste, und in die Gruppe, der vor Beginn der Religionsstunde der Schweiß ausbrach, weil sie eine schriftliche Prüfung über die Absätze 2558 bis 2865 des Prologs des Katechismus schreiben musste. Für uns Evangelen war das ein wahres Glück – als stünde man unverhofft in der Warteschlange, in der es schneller vorangeht. Trotz dem Singen und den wirklich reizenden Lehrern trat ich mit 16 wegen akuten Unglaubens im Zuge der pubertären Rundum-Revolte aus der Kirche aus.

Ein einfacher Vergleich der gängigen Religionen legte schon damals nahe, dass die christliche Religion und ich gesinnungsmäßig einfach nicht zueinanderpassen – man sehe sich nur die unterschiedlichen Herangehensweisen an menschliches Unglück an:

- Taoismus: Unglück ist.
- Buddhismus: Das Unglück ist gar kein Unglück.
- Islam: Dein Unglück ist der Wille Allahs.
- Judentum: Warum immer wir?
- Rastafari: Unglück? Kann man das rauchen?
- Evangelische Kirche: Wenn du dich anstrengst, kannst du das Unglück abwenden.
- Katholische Kirche: DU HAST DAS UNGLÜCK VERDIENT!

Verstehen Sie, was ich meine? Seit damals haben wir jedenfalls nichts mehr miteinander zu tun, die Kirche und ich. Abgesehen von der einen oder anderen Hochzeit in der Verwandtschaft, bei der sich die Braut den Traum von der Hochzeit in Weiß erfüllt. Ich heule dann nichtsdestotrotz mit, wenn die Orgel die Ballade spielt, Hollywood hat eben seine Spuren hinterlassen. Sogar meine Mutter beheult kräftig das zukünftige Ehepaar, wenn auch aus anderen Gründen: »Die wissen ja gar nicht, was sie sich da antun!«

Sie hat ihre letzte Ehe nicht gut verwunden, muss man wissen.

Ansonsten konnte ich mich nicht mal für die Kirche begeistern, als wir Papst waren, das ist einfach nicht das Gleiche wie Weltmeister, und die Schlagzeilen, mit denen die Kirche sonst so auf sich aufmerksam macht, sind lediglich dazu geeignet, dass sich einem ordentlich der Magen umdreht. Es wäre wohl auch kaum zu einem Treffen zwischen der Kirche und mir gekommen, hätte ich mich nicht auf Janas Anraten hin mit ihrer Bekannten Britta unterhalten. Britta geht nämlich fast jedes Wochenende in die Kirche, in eine richtige, echte, katholische Kirche mit Weihrauch und Klingelbeutel und allem Drum und Dran. Britta ist außerdem jung, selbstständige Architektin, wahnsinnig gut aussehend, Alleinerziehende einer fünfjährigen Tochter, sie trinkt gern mal einen über den Durst und lässt auch sonst nichts anbrennen –

also das Gegenteil von dem, was man sich unter einer fleißigen Kirchengängerin vorstellt. Und vor allem: Sie schwärmt von dem Gottesdienst bei »ihrem« Pfarrer, dass es eine wahre Pracht ist. *Total anders* sei der nämlich, und *wahnsinnig kritisch* und *ganz und gar faszinierend*. Außerdem fallen noch Adjektive wie *cool*, *jung* und *lustig*, alles keine Eigenschaften mit denen katholische Pfarrer sonst so glänzen, nämlich: *alt*, *weltfremd* und *ganz und gar gruselig*. Mit seiner 1200er BMW käme der zum Gottesdienst und jahrelang hat er auf dem Oktoberfest gearbeitet – um Lohn und Trinkgeld an ein Aids-Projekt in Afrika zu spenden.

Im letzten Krippenspiel hätte er außerdem Josef und Maria durch zwei syrische Flüchtlinge ersetzt, die ihren Esel in der falschen Parkzone parken. Dabei ging es dann auch noch gegen die Immobilienspekulanten: die Herberge, an die geklopft wird, musste leider dichtmachen, »weil sie in die Cappuccino-Lounge-Connection nicht mehr reinpasst«, und am Schluss sang die ganze Kirche ein Lied von den Toten Hosen, nämlich *Tage wie diese*.

Ein fröhliches Lied über das Glück im Augenblick, denn schließlich, so sagte der Herr Pfarrer, »hat heute Jesus Geburtstag und nach der Mette kriegt jeder ein Glas Prosecco!« Halleluja, vielleicht wäre zwischen der Kirche und mir auch Einiges anders gelaufen, hätte sie sich derart freundlich gezeigt statt immer nur *Hölle*, *Hölle*, *Hölle*!

Ich werde auf jeden Fall neugierig auf diesen »Mordsdrümmerpfarrer«, wie Britta ihn nennt, und es ist ausgemacht: Wir sehen uns nächsten Sonntag in der Kirche.

»Wie heißt der?«, fragt L. am Abend, nachdem ich ihm von Britta und dem Pfarrer erzählt habe.

»Rainer Maria Schießler«, rufe ich aus meiner Büroecke und suche im Internet, in welche Kirche ich überhaupt muss, um ihn zu sehen. *Katholische Pfarrkirche St. Maximilian*, sagt mein Internet. »Der hat doch den Lahm verheiratet!«, kommt es aus der Küche zurück – seit L. bei diesem Frauenmagazin ist, verwundert er mich immer wieder. Ich sehe nach und tatsächlich: der Mordsdrümmerpfarrer hat Philipp Lahm und seine Claudia getraut – unter der Bedingung, dass der FC-Bayern-Star akzeptiert, dass der Pfarrer ein Blauer, also ein 1860er-Fan ist. Dass Lahm evangelisch ist und seine Frau katholisch, wäre kein Problem gewesen, zitiert das Internet den Pfarrer, die Botschaft sei schließlich: »So wie wir zwei uns lieben, so könnt ihr euch vorstellen, dass Gott die Menschen liebt.«

Das ist zwar ein hübscher Spruch, aber es bleibt zu hoffen, dass Gott die Menschen nicht so liebt, wie sich die Ehepaare lieben, die es in die Schlagzeilen der *BILD*-Zeitung schaffen.

»Und wann fängt das an?«, höre ich L. aus der Küche, »ist das nicht früh um sieben, so ein Sonntagsgottesdienst?« Ach herrje, daran habe ich ja gar nicht gedacht. Und wie lange dauert das? Gibt es inzwischen Heizung in den Kirchen? Und vor allem: Was ziehe ich an?

Auf der Website von St. Maximilian werde ich zumindest fündig, was den Beginn angeht: 10.30 Uhr. Das geht. Aber wie lange es dauert, steht da nicht – dafür eine Mail-Adresse, ich frage nach:

Liebe St. Maximilians,
ich habe eine blöde Frage: Wie lange dauert so ein Gottesdienst?
Mit freundlichen Grüßen,
Alexandra Reinwarth

Keine zehn Minuten später bekomme ich die Antwort:

Liebe Frau Reinwarth,
blöde Fragen sehen anders aus, keine Sorge!
Der Gottesdienst dauert ca. 1 Stunde, gerade jetzt, wo es doch a bisserl frisch ist im Tempel, wollen wir möglichst zügig sein!
Noch Fragen?
Ihr Rainer Schießler

»*A bisserl frisch im Tempel?*« – na, auf den bin ich jetzt aber gespannt.

Britta und ich treffen uns vor dem neoromanischen »Tempel«, am Isarufer, der mit knapp 90 Metern Länge und 24 Metern Höhe genauso beeindruckend und schicksalsträchtig daherkommt, wie katholische Kirchen das gerne tun. Zusammen mit zwei Bettlern stehe ich vor dem großen Tor, die beiden halten die Hand und ich die Augen auf – und ich staune nicht schlecht: So, wie die Leute hier hereinströmen, können wir froh sein, wenn wir noch einen Sitzplatz bekommen.

»Huhu, hier sind wir!«, höre ich Britta, die hinter mir steht, mit ihrer zahnlückigen Tochter an der Hand, die mich schüchtern anlächelt. Wir suchen uns einen Platz weit hinten, was mir sehr entgegenkommt, ich habe ja bei Veranstaltungen jedweder Art immer die Befürchtung, auf die Bühne geholt zu werden. Von innen ist die Kirche nicht düster, nicht Furcht einflößend, nicht modrig und man hört auch nicht diese diffuse, gedämpfte Geräuschkulisse, die alles verschluckt. Nicht einmal einen leidenden Jesus sehe ich irgendwo herumhängen, der einem sonst immer so aufs Gemüt schlägt. Also nichts von diesen Dingen, die einen selbst die Stimme senken lassen und die so ein heiliges Ehrfurchtsgefühl in einem auslösen. Im Gegenteil: Der Dachstuhl ist aus hellem Holz, die Bodenfliesen sehen nach Terrakotta der Farbe »Toskana« aus und der Altarbereich vorne ist mit apricotfarbener Schwammtechnik bearbeitet. Und noch etwas sieht aus wie ein Fehler im Bild: Es stehen viele Kinderwagen herum. Nein, ich habe mich nicht verguckt, es sind keine Rollatoren, sondern echte Kinderwagen mit echten Kindern drin und drum herum.

Bevor ich mir ausmalen kann, was vermutlich als Nächstes passiert (die Messdiener rappen, der Pfarrer tritt im Rocky-Horror-Picture-Outfit auf etc.) setzen vertraute Klänge ein: eine Orgel, Gesang und da sind auch die Messdiener in ihren weißen Kleidchen und tragen Weihrauch durch den Mittelgang, es ist also alles in Ordnung. Wie sieht der Wunder-Pfarrer nun aus?

Ich recke ein bisschen den Kopf und da vorne steht er: knapp über 50, gut gehalten, sympathisch und mit langer Robe. Nett sieht er aus – und er singt nicht schlecht. Britta übrigens auch nicht, die neben mir steht und ihr Gesangbuch zwischen uns hält, damit ich auch reingucken kann. Aber mal ehrlich – ich weiß noch nicht mal, an welchen Stellen man singt und wann man die Klappe hält.

Als das Singen ein Ende hat, erzählt der Pfarrer vorne von seinem Problem heute mit dem Laptop, »der ist halt auch nur ein Mensch«, findet er und schon hat er die ersten Lacher. Da hat er echt zur Einstimmung ein paar Witzchen vorbereitet – aber hey: wenigstens heult keiner, stimmt's?

Kurz darauf wird es emotional auf der Bühne, ich erkenne das am erhobenen Ton des Schießlers: Ein gewisser Erzbischof Müller hat anscheinend eine »Pogromstimmung« gegen die Kirche beklagt – ich sehe Britta fragend an. »Der Müller ist ein hohes Tier im Vatikan«, flüstert sie mir zu, ich kenne mich im VIP-Bereich der Organisation echt überhaupt nicht aus. »Das verstehe ich nicht«, wettert der Schießler los, »anstatt sich wegen der schlechten Stimmung zu beschweren, sollen die doch erst mal den Missbrauchsskandal aufklären!« Oha. Da teilt aber einer aus. Er verstehe da so einige Dinge nicht, wettert der Pfarrer, erst letzte Woche war ein Mann bei ihm, der wollte wieder in die Kirche eintreten, »der musste in einem Formular unterschreiben ›*Ich bereue, dass ich damals ausgetreten bin*‹«, sagt der Pfarrer und beugt sich leicht nach vorne: »Aber dass man da hinschreiben könnte, warum man ausgetreten ist, das geht nicht!«

Darf der das?, frage ich mich im Stillen, so gegen seine Firma wettern? Es kommt auf jeden Fall gut an, rundherum wird mit den Köpfen genickt und Britta sieht mich mit diesem »Na? Hab ich's nicht gesagt-Blick?« an. Und ja, ich finde das ja auch gut, dass da ein Pfarrer den Missbrauchsskandal anprangert, und ich muss mit allen lachen, als der Pfarrer von der letzten Versammlung erzählt, als ein neugieriger Passant fragte: »Kommt da der Weiden?« (irgendein Kirchen-Promi) und der Pfarrer sagte: »Nein, aber wer anders!«, und als der Passant nachfragte: »Wer denn?«, antwortete der Pfarrer: »Jesus!« Und der Passant: »Achso.«

Es folgt eine Geschichte, wie der Pfarrer als Student zusammen mit anderen angehenden Theologen an einer Zeitschrift gearbeitet hat und wie er einen seiner Kollegen nicht leiden konnte (und der ihn auch nicht). Just mit diesem musste er nun zusammen eine Nachtschicht einlegen, um die Zeitung rechtzeitig fertig zu bekommen, und bei dieser Gelegenheit hat er ans Evangelium gedacht und ein Gespräch angefangen. So etwas wie: »Ich habe gestern einen saublöden Film gesehen«, worauf der andere fragte: »Welchen denn?«, und dies war der Beginn einer durchquatschten Nacht und einer wunderbaren Freundschaft.

Klingt ein bisschen nach Disney-Buddhismus, aber der bayerische Dialekt des Pfarrers, gemischt mit ein paar ganz und gar unerwarteten Bezeichnungen für den ungeliebten Kollegen (nämlich »Dödel« und »Haubentaucher«) machen das Ganze wirklich nett. Genau das ist das Problem an der ganzen Sache: Es ist nett! Also jetzt nicht so nett wie ein Damenabend beim Italiener um die Ecke, aber nett. Natürlich ist es völlig bescheuert, sich zu beschweren, dass es zu nett ist, aber ein bisschen habe ich schon auf – ja auf was eigentlich? – gehofft?

Auf eine Art Heiligkeit vielleicht, auf etwas Ehrfurcht, dieses Gefühl, dass man von etwas umgeben ist, das so groß und unendlich ist, dass es die eigene Person und deren enorme Wichtigkeit auf Normalmaß zurechtrelativiert. Man muss hie und da vor etwas Größerem als sich selbst in die Knie gehen – aber wenn sich der zuständige Geistliche als einer der unseren gibt, dann schrumpft diese magische Atmosphäre nun mal auf Alltagsgröße zusammen. Bei »Haubentaucher« ist sich nun mal nichts mit Ehrfurcht.

So, jetzt hätten wir es wohl gerne etwas düster, Furcht einflößend, modrig, mit gedämpfter Geräuschkulisse und leidendem Jesus?, höre ich eine schnippische Stimme in meinem Kopf. Ja! Nein – ich weiß auch nicht.

Während ich mit mir selbst im Argen liege, hat auf der Bühne ein Wechsel stattgefunden und ein Herr mit Brille und weißem Kleid spricht (haben die Referendare? Praktikanten? Eine Ersatzbank?). Dazu steht das Publikum abwechselnd auf und setzt sich wieder, wobei keinerlei Muster zu erkennen ist. Ich halte mich einfach an Britta und sehe mich dabei um, ob sich vielleicht jemand vertut bei der Aufsteherei und Hinsetzerei – einer ist immer dabei. Wie können nur alle anderen *nicht* darauf achten?

»Gib mir eine gute Woche«, höre ich den zweiten Mann vorne sagen, »wache Sinne, dass ich das Leben sehen und fühlen und schmecken kann, denn es schmeckt sehr gut.«

Schön klingt das, nur die Kinder in den weiß-grünen Kitteln stören, die mit einem schweren Klingelbeutel jede Reihe abgehen. Die Frau vor mir lässt die Münzen scheppern, dass es klingt, als wäre sie ein Glücksspielautomat. Wesentlich diskreter ist da ihre Nachbarin: Da knistert ein Schein.

Auch Britta lässt ihre kleine Tochter eine Münze einwerfen – ich hingegen halte mich an das Prinzip der Schnupperstunden: Das erste Mal ist gratis.

»Das ist mein Leib, der für euch …«, klingt es von vorne in einem Singsang, »wir bitten dich, erbarme dich …«, kommt es von der Gemeinde zurück und dann: das Vaterunser! Das kann ich! »Vater unser im Himmel, geheiligt werde dein Name«, stimme ich mit ein und es ist schön, ein Mantra mitsagen zu können, man muss (und kann) währenddessen überhaupt nicht nachdenken, eine fast meditative Leere macht sich im Hirn breit – doch, das ist magisch. Zumindest bis zu der Stelle »Und vergib uns unsere Schuld, wie auch wir vergeben unseren Schuldigern«, da hat mich Axel Hacke versaut, der in seinem Verhörbuch *Der weiße Neger Wumbaba* von einem Kind berichtet, das sich jahrelang fragte, wer denn dieser bemitleidenswerte *Schuldi* wohl sein mag, dem man so gerne vergibt: … *wie auch wir vergeben unserem Schuldi gern.*

»Friede sei mit dir!«, beschließt der Mann im Talar das Gebet, und plötzlich drehen sich alle in ihren Bänken nach links und rechts und nach hinten und schütteln ihren Nachbarn die Hand. Freundliches Volk, diese Katholen – wenn auch etwas abgedreht: anschließend (wir haben gerade mal elf Uhr vormittags) gibt es ein Abendmahl und da fällt es mir wieder ein: Die katholische Kirche behauptet tatsächlich, die Hostien und der Wein wären der Leib und das Blut von Jesus. Kein Scherz. Also auch nicht im übertragenen Sinne und symbolisch und so, sondern ehrlich und wahrhaftig. Gruselig, oder? Ich esse auch prompt nicht mit, das ist mir zu makaber.

Der Schießler-Pfarrer lädt am Ende alle noch für den Gottesdienst am nächsten Sonntag ein, an dem anscheinend etwas Besonderes zu erwarten ist: »I verrat nix, aber bled, wer net kummt!« Es könnte Weißwürst und Krapfen geben, so viel lässt er durchblicken, aber nichts Genaues weiß man nicht: »I sog nix, gegen mich is a Fischteich a Oktoberfest!«, dann kündigt er noch den Blasius-Segen an, den gäbe es heute gratis mit dazu, denn heute ist sein Gedenktag.

Ich sehe Britta fragend an: »Blasius-Segen?« Aber die zuckt nur mit den Schultern, so ein Profi ist sie dann auch nicht. Vor dem Altar bilden sich zwei lange Schlangen mit Gläubigen, wo der Schießler und sein Kumpel den Segen erteilen. »Den Segen nehmen wir mit, wo wir schon mal da sind«, finde ich. Wenn wir uns nicht im Mittelgang anstellen, könnten wir links an den Kirchenbänken vorbei überholen – aber darf man sich in der Kirche vordrängeln? Wie beim Skilift? *Hölle, Hölle, Hölle*, denke ich und *nein, das darf man nicht*. Brav stehen wir an, da vorne ist er, der Schießler, der sich eine elegante rote Stola umgeworfen hat.

Rot – was bedeutete die Farbe Rot noch mal? Bei den Engeln war es *Sicherheit, Urvertrauen und Lebenskraft*. Und bei den Schamanen? Bei denen verhilft Rot zu *Dynamik, Lust und Liebe*. Bei den meisten Esoteriklehren steht Rot für eines der Energiezentren im Körper, zuständig unter anderem für *Überleben, Urvertrauen und*

Lebenswillen. Und bei den Christen? Da steht die Farbe Rot für *Blut, Martyrium und Sünde.*[10] Ich sag ja: Hölle, Hölle, Hölle. Kein Wunder, dass da so mancher das Seelenheil lieber in fernöstlichen Gefilden sucht.

Die Schlange bewegt sich langsam vorwärts, und jetzt bin ich dran!

In der einen Hand hält der Schießler-Pfarrer zwei gekreuzte weiße Kerzen, die andere legt er auf meinen Kopf:

»*Auf die Fürsprache des heiligen Blasius bewahre dich der Herr vor Halskrankheit und allem Bösen. Es segne dich Gott, der Vater und der Sohn und der Heilige Geist.*«

Das finde ich schön, dass es einen Segen extra gegen Halskrankheiten gibt – und gegen alles andere auch gleich. Aber was kommt als Nächstes? Die heilige Inkontinenzia gegen Unterleibsbeschwerden? Und gegen alles Böse?

»Und, wie fandest du ihn?«, fragt Britta beim Rausgehen. Ja, wie fand ich ihn?

»Ein bisschen wie Ottfried Fischer auf seiner Schlachthof-Bühne«, finde ich, »nur in schlank und die Bühne sieht auch ganz anders aus.« Britta sieht enttäuscht aus, aber es hilft nichts: »Britta, für mich ist das nichts. Der Pfarrer ist lustig und nett und alles, aber es ist der falsche Verein – und damit meine ich nicht nur den katholischen, sondern generell die religiösen Vereine.« Britta legt ihre Hand auf die Schulter ihrer Tochter: »Aber ohne Religion hat man doch gar keine richtigen Rituale!«, sagt sie besorgt.

»Doch«, finde ich. »L. und ich zum Beispiel gucken jeden Sonntag *Tatort*.«

---

10 Hohe Würdenträger der Kirche, die Rot tragen, verweisen symbolisch darauf, dass sie bereit wären, ihr Blut für Jesus und die Kirche zu geben.

DER KÖRPERLICHE WEG: DAS FINDEN DER INNEREN MITTE

Sehen wir den Tatsachen ins Auge: Die Spiritualität ist bis jetzt ein Schuss in den Ofen. Ich kann das einfach nicht ernst nehmen, selbst wenn ich es versuche. Vermutlich hätte ich mich viel mehr auf »*geistige Erfüllung durch Aufenthalte in Luxus-Spa-Hotels*« konzentrieren sollen. Sogar Anne, die spirituellste Maus von Mexiko, sieht das so:

»Wir sind das falsch angegangen«, sinniert Anne an unserem Küchentisch und rührt gedankenverloren in ihrem Tee.

»Ich meine«, erklärt sie, »vermutlich hättest du dich viel mehr auf ›*Geistige Erfüllung durch körperliche Erfahrungen*‹ konzentrieren sollen!«

Wie kann der gleiche Gedanke zu so unterschiedlichen Rückschlüssen führen?, frage ich mich. Einig sind wir uns lediglich, dass die Gefühlsebene für Fusselhirne wie mich vielleicht einen direkteren, unkomplizierteren Weg darstellt, und Anne weiß auch gleich einen prima Einstieg für das Gefühlsding: Ich umarme einen Guru.

ICH UMARME EINEN GURU

»Mein« Guru ist die »Mutter der Glückseligkeit« und sie kommt nach Deutschland. Ganz richtig, ich werde einen Guru umarmen – und das, obwohl ich nicht dazu neige, mir vollkommen unbekannte Menschen zu umarmen. Ich umarme aber auch nicht irgendeinen dahergelaufenen Allerweltsguru. Nein, ich treffe den Top of the Pops der Guru-Szene! Eine erleuchtete Seele mit weltweiter Anhängerschaft, die Mehrzweckhallen füllt wie Mario Barth! Einen Guru mit eigener Corporate Identity, eigenem Fernesehsender und einer eigenen Zeitung mit einer Auflage von 900 000 Exemplaren. Die wunderbare, die einzigartige und weltberühmte, heilige, umarmende Mutter:

Amma.

(Überlegen Sie ruhig ein bisschen, wie die weibliche Form von Guru heißen könnte, ich bin auch auf kein befriedigendes Ergebnis gekommen.)

Amma heißt gebürtig Sudhamani Idamannel und sie ist, mein Glück, mal wieder auf Welttournee. Anne ist schon seit Wochen völlig aus dem Häuschen deswegen. Anne war schon mal bei einem Event mit der Heiligen Mutter und jedes Mal, wenn sie davon erzählt (und sie erzählt in den letzten Wochen oft davon), bekommt sie diesen leicht entrückten Gesichtsausdruck, wie ihn Frischverliebte und Spinner haben.

»Es ist unglaublich, diese Energie, sie durchflutet dich, wenn sie dich umarmt«, schwärmt sie. Umarmungen, das müssen Sie wissen, sind Ammas Spezialität. Sie tut eigentlich, wenn ich das richtig verstanden habe, nichts anderes. Mitunter bis zu 24 Stunden am Tag umarmt die gute Frau Menschen, die teilweise teuflisch lange Anfahrten dafür in Kauf nehmen. *Umarmt diese Leute denn sonst keiner?*, fragt man sich da ja automatisch, aber Anne sagt, das habe damit nichts zu tun, ich würde schon sehen.

Wie bei allen Menschen, die mir nahekommen, möchte ich gerne vorher etwas über diejenige Person erfahren. Obwohl wir uns nicht bei einem hochprozentigen Getränk in einer Bar gegenüberstehen, ist die Fragestellung auch nicht viel anders als sonst auch: Wo kommst du her, was machst du so und was treibt dich an? Das habe ich herausgefunden:

Amma kommt, wie sich das für Gurus gehört, aus Indien. Sie wird 1953 als eines von 13 Kindern einer armen Fischerfamilie in einem Dorf an der Südwestküste geboren. Fünf der Kinder sterben früh und die kleine Sudhamani wird mit neun Jahren von der Schule genommen, um zu Hause mitzuhelfen. Die Familie gehört einer niedrigen Kaste an, sie kommen gerade so über die Runden und so ist es auch nicht ganz unverständlich, dass die Eltern alles andere als erfreut sind, als ihre kleine Sudhamani anfängt, das wenige Essen und die Haushaltsgegenstände an diejenigen zu verschenken, die noch weniger haben. In einer christlichen Mission macht sie eine Ausbildung zur Näherin, es heißt, sie ist bereits als junges Mädchen sehr religiös (oder sagt man da »spirituell«?), betet viel, singt Mantren, solche Dinge. Mit 22 erlebt sie angeblich ihren ersten *Bhava*, das bedeutet so viel wie »Verschmelzung mit Gott« (und wenn Sie auch nur annähernd so gestrickt sind wie ich, denken Sie dabei an etwas gänzlich Unspirituelles).

In den nächsten ein, zwei Jahren spalten sich die Geister: Während die junge Frau sich immer mehr in religiöser Hingabe übt, fastet und Visionen hat, beginnen die einen, sie zu verehren und in ihr eine spirituelle Führungspersönlichkeit zu sehen, die anderen reagieren mit Ablehnung und Verachtung – angeblich auch ihre eigene Familie. Dass die negativen Reaktionen mitunter sehr heftig ausfallen, hat auch den Grund, dass Sudhamani etwas für indische Verhältnisse völlig Unerhörtes tut: Sie umarmt die Trostsuchenden. Dabei ist es ihr egal, ob es sich um Fremde, um Andersgläubige, Kastenniedere, Unberührbare oder sogar Männer handelt. Es ist ein Skandal, ein Tabubruch und eine Revolution gleichzeitig, und so etwas provoziert nun mal.

Sie nennt sich nun *Mata Amritanandamayi* (»Mutter der unsterblichen Glückseligkeit«) und schart die ersten Anhänger um sich, von ihnen bekommt sie den Namen *Amma* (»Mutter«). 1981 wird der erste Ashram gegründet, in dem ihre Lehren propagiert werden.

Im Hinduismus sind verschiedene Wege zu Gott oder zur Erlösung bekannt, Amma lehrt und lebt zwei davon: zum einen den Weg der liebenden Hingabe zu Gott, wobei durch Gefühle eine Vereinigung mit Gott erstrebt wird (Bhakti-Yoga), und zum zweiten Karma-Yoga, den Weg der guten (selbstlosen) Tat.[11]

Die Umarmungen sind so etwas wie Ammas Markenzeichen geworden und sie ist so erfolgreich damit, dass sie inzwischen jedes Jahr Reisen auf die verschiedenen Kontinente unternimmt, um sprichwörtlich die ganze Welt zu umarmen. Über 30 Millionen Menschen sollen es inzwischen schon sein, die Amma tröstend in die Arme geschlossen hat. Und ab morgen gehören Anne (zum zweiten Mal), Jana und ich dazu. Jana muss mit, denn alleine mit meiner entrückten Anne traue ich mich nicht unter die ganzen Shantis. Dass Jana überhaupt mitkommt, ist ein kleines Wunder und nur der Tatsache geschuldet, dass ich noch etwas bei ihr gut habe.

Das sieht man ihr an diesem Morgen auch an:

»Nun mach doch nicht so ein grantiges Gesicht«, versuche ich sie in der U-Bahn aufzumuntern, »da wird ja jeder Lassi sauer.« Anne hingegen strahlt, als hätte sie zu viele Cocktails erwischt.

Wir kommen schon eine Stunde vor Veranstaltungsbeginn an, ab da werden nämlich Tickets ausgegeben. Das ist zwar Janas Laune überhaupt nicht zuträglich, aber vielleicht stehen wir dann nicht ewig an. Eine völlig unberechtigte Hoffnung, wie sich herausstellt. Vor der riesigen Funktionshalle, in der normalerweise Stefan Raab seine *TV Total*-Events abhält, steht bereits eine lange Schlange Leute, vorwiegend in wallende Gewänder gehüllt.

---

11 Die anderen beiden Wege sind Jnana-Yoga, der Weg der Erkenntnis oder des Wissens, und Raja-Yoga, das die stufenweise Entwicklung und Beherrschung des Geistes anstrebt. Die Yogaübungen oder *Asanas*, die auf den Gymnastikmatten unserer Fitnessstudios geübt werden, sind eine von insgesamt acht Stufen des Raja-Yoga.

Ich spiele ja mit L. immer gerne »Konzert raten«: Wenn wir an einer Halle vorbeikommen, wo eine Menge Leute anstehen, dann raten wir anhand von Outfit und Alter, wer dort wohl auftritt. Auf was hätten wir hier wohl getippt? Hui Buh?

Böse Alex, schimpfe ich mich im Stillen selbst und versuche, das gleiche freundliche Lächeln aufzusetzen, wie es alle hier tragen. »Fängst du jetzt auch an?«, zischt Jana mir prompt ins Ohr.

Entsetzlich weit vom Eingang entfernt stellen wir uns an das Ende der Schlange. Überdurchschnittlich viele Armbänder aus Holzperlen sind hier vertreten und über allem liegt ein süßlicher Geruch. Jana blickt sich suchend um: »Kifft hier jemand?«, fragt sie und wir schnuppern in die Luft, aber Anne sieht uns glücklich an:

»Nein, die machen hier Laddu! Wartet hier, ich hole welche!«, und schon ist sie verschwunden. Jana sieht mich mit ihrer hochgezogenen Augenbraue an: »Hat sie *Laddu* gesagt?«

»Jepp«, nicke ich, »Laddu. Klar und deutlich.« Die Frau vor uns in der Schlange dreht sich zu uns um: »Das ist eine indische Süßigkeit aus Kichererbsenmehl, ganz köstlich!« Ich lächle zurück und stelle mich etwas vor Jana, die sich theatralisch die Hand an die Gurgel hält und Würgegeräusche simuliert.

»Jetzt reiß dich aber mal zusammen, echt«, schnauze ich sie an, und als Anne zurückkommt sind wir vermutlich die einzigen zwei Menschen auf dem über 100 000 Quadratmeter großen Gelände, die mit verschränkten Armen vor der Brust die Mundwinkel bis zu den Kniekehlen ziehen.

Als wir endlich an der Reihe sind, ziehe ich meinen Geldbeutel aus der Tasche, aber Anne winkt ab: »Nein, nein, das ist umsonst.« Ich sehe sie fragend an – wann war denn das letzte Mal irgendwas umsonst? Mit unseren Tickets dürfen wir die Halle betreten. Stuhlreihen sind aufgestellt, rundum ist ein Gewimmel aus Ständen wie auf einem Marktplatz und so wie es aussieht, haben wir auch genug Zeit, uns jeden Stand ganz genau anzusehen: Auf Monitoren werden die Ticketnummern angezeigt, die mit dem Umarmen an der Reihe sind. Nur so viel: Auf den Monitoren erscheint gerade *B 8*, unsere Tickets gehen mit *K* los …

Vorne auf der Bühne sehe ich einen kleinen weißen Punkt, um den viele Leute knien, das muss die Mutter sein. »Los, wir gehen gucken«, strahlt uns Anne an und winkt hektisch in Richtung der ersten Stände.

Zu kaufen gibt es alles, was L. als *Shanti-Käse* bezeichnen würde: Edelsteine, die heilen und Energien fließen lassen, ayurvedische Kosmetik, indische Kleidung, jede Menge Pülverchen, Nahrungsergänzungsmittel und Tees, es gibt indisches Essen und bunte Seidentücher. Auf einem kleinen Podest singen ein paar Leute mit unterirdischen Frisuren Unverständliches und scheppern dazu mit Tamburinen und Schellenkränzen.

Es ist ein bisschen wie in diesen Filmen aus dem Wilden Westen, wenn die Scharlatane mit ihren Tinkturen, Zaubertropfen und Kuriositäten auftreten, nur eben auf indisch. Über allem liegt der Geruch von Chai-Tee (gut) und Räucherstäbchen (schlecht).

Amma ist allgegenwärtig: Ihr Konterfei lächelt von Büchern, CDs und Filmen, man kann sie sich als Anhänger oder Brosche anstecken oder, mein absolutes Highlight, als braune Stoffpuppe mit nach Hause nehmen.

Jana ist immer noch deutlich missgelaunt. »Mag ja sein, dass der Eintritt umsonst ist, aber die kommen hier schon auf ihre Kosten, das ist doch die reinste Abzocke hier«, grummelt sie. Von einem Stand des Dachverbandes nehme ich eine Broschüre mit. »Die Einnahmen aus Verkäufen und Spenden fließen an das karitative Netzwerk der Amma, steht hier«, lese ich laut vor, und Anne wirft Jana ein zufriedenes Ätsch-Lächeln zu.

Aber Jana gibt sich nicht so leicht geschlagen: »Das ist so eine Wischiwaschi-Aussage, wie soll man denn das überprüfen?«, winkt sie ab. Ich blättere weiter in der Broschüre:

- »…*ein Häuserbauprojekt, bei dem kostenlose Unterkünfte für obdachlose Familien gebaut werden. Bisher sind 36 000 Häuser errichtet worden«*, lese ich auszugsweise vor, und in dem Stil geht es weiter:
- *ein Krankenhaus mit 1400 Betten, das Armen kostenlose medizinische Behandlung bietet, dazu acht kleinere Spitäler auf dem Land und 47 Schulen*
- *eine medizinische Hochschule und Forschungslabors,*
- *die staatlich anerkannte Amrita University mit Übertragungen aus namhaften amerikanischen Universitäten wie Harvard, Princeton, University of California,*
- *46 Millionen Dollar zur Unterstützung der Tsunami-Opfer,*
- *eine Million Dollar für die Opfer des Hurrikans Katrina,*
- *Altenpflegeheime,*
- *ein Projekt, das Bedürftigen Rechtsbeistand bietet,*
- *ein Umweltschutzprojekt zur Förderung des Umweltbewusstseins, das Wälder wiederaufforstet und bestehende Wälder schützt,*
- *Unterstützung für die Familien von Bauern, die sich aus Geldsorgen umbringen: 30 000 Kinder erhalten Schulgeld/Kleider/Essen und 5000 Frauen eine Ausbildung bezahlt, damit sie in der Baumwollindustrie arbeiten können. Außerdem werden Darlehen für die Eröffnung eines eigenen Geschäfts vergeben…*«

Jana gibt sich geschlagen und hebt die Hände. »Okay, okay«, sagt sie und überlegt kurz.

»Muss man denn ihrem Verein beitreten oder Buddhist werden oder so was?«, aber Anne schüttelt siegessicher den Kopf: »Nein, sie sagt, Liebe ist die Kernessenz aller Religionen, deswegen ist es total egal, ob man als Hindu, Christ, Moslem, Jude oder Buddhist vor ihr sitzt.«

Jana runzelt die Stirn. So recht ist sie von dem bedingungslosen Guten der Sache nicht überzeugt. Ich kann Jana gut verstehen. Ich traue der Welt und den Menschen auch nicht so weit, wie ich sie schmeißen kann. Vermutlich ist das kein Wunder, schließlich wird uns jeden Tag die Schlechtigkeit der Welt tausendfach bestätigt: Was Menschen anderen Menschen aus Eigennutz und Profitgier antun, kann einen nur verzweifeln lassen. Und wenn mal wieder herauskommt, dass ein Politiker korrupt ist oder eine Firma wissentlich die Umwelt zerstört, dann können wir uns zwar noch empören, aber überraschen? Überraschen tut uns das schon lange nicht mehr. Wir haben gelernt und verstanden: Die Welt ist schlecht und jeder ist sich selbst der Nächste. Der Glaube an das Gute und Rechtschaffene hat so oft einen Dämpfer abbekommen, dass es sich doch kaum noch aus dem Haus traut. Wenn sich selbst Kirchenvertreter, deren Job es ist, gut zu sein, der Pädophilie schuldig machen – wie soll man dann noch irgendwie an das Gute glauben?

Da grenzt es fast schon an Selbstschutz, wenn man immer vom Schlechtesten ausgeht – so wird man zumindest nicht enttäuscht. Deswegen kommen mir auch die ganzen lächelnden Holzperlenträger in ihren Walle-Gewändern so unsäglich naiv und lächerlich vor: Die wissen einfach nicht, wie der Hase läuft.

»Wo ist diese Super-Mutter eigentlich, wenn sie nicht auf Weltreise ist?«, unternimmt Jana einen letzten Versuch, den Luxuswohnsitz in einem Steuerparadies aufzudecken und ihre Erwartungen bestätigt zu sehen. »Dann ist sie in ihrem Ashram in ihrem Geburtsort«, weiß Anne, »da gibt es eine 30 000 Quadratmeter große Halle, dort gibt sie jeden Tag ihre Umarmungen, oft bis in die Morgenstunden.« Jana sagt nichts mehr.

Still setzen wir uns in eine der Stuhlreihen und warten. Irgendwann fragt Jana leise: »Warum macht sie das?« Anne zuckt mit den Schultern. »Amma hat mal gesagt: ›*Liebe und Mitgefühl sind die Dinge, die die Welt benötigt. So viele Menschen werden nicht geliebt.*‹ Ich glaube, deswegen macht sie das.«

Wir rücken weiter nach vorne, bald sind wir dran. Um uns herum wird gebetet, manche haben die Augen geschlossen, einige singen und hie und da wird geheult und ich halte automatisch Ausschau nach Horst aus der Engelschule. Vor der Bühne ist eine Zweierreihe von Stühlen aufgebaut, wenn die Vordersten zum Umarmen zur Bühne gehen, rutschen alle anderen nach, die Umarmungen kann man live auf zwei riesigen Monitoren beobachten, die links und rechts von der Bühne stehen. Jetzt kann ich sie auch endlich sehen, die Amma. Da sitzt eine freundliche, rundliche Frau mit einem langen, schwarzen Zopf auf dem Boden. Sie hat einen gelbroten Punkt auf der Stirn und ein weißes Walle-Gewand an und: sie lacht.

Wäre alles anders gewesen, würde ich Ihnen an dieser Stelle erzählen, wie perfekt organisiert diese ganze Umarmerei ist. Wie man, in der vordersten Stuhlreihe angekommen, von einer Ordnerin instruiert wird, wie man sich vor Amma zu verhalten hat: hinknien und die linke Hand neben Ammas rechten Oberschenkel legen. Ich würde Ihnen stecken, dass neben Amma eine Gruppe von freiwilligen Helferinnen mit fragwürdigen Frisuren sitzt, die ihr die Stirn abtupfen, Rosenwasser versprühen und ihr immer einen Apfel oder ein Bonbon reichen, die sie jedem als symbolische Gabe mitgibt. Das alles würde ich sagen, wenn es nicht so gewesen wäre:

Kaum knie ich vor ihr und überlege, welches noch mal ihr rechtes Bein ist, werde ich kräftig von der Amma gepackt und an ihre breite, weiche Brust gedrückt. Es ist keine Umarmung zwischen Erwachsenen, ich werde gewiegt, gestreichelt und liebkost wie ein Kind, das sich in den Schoß seiner Mutter schmiegt. »*Meine Liebe, meine Liebe, meine Liebe*«, sagt sie in mein Ohr und drückt ihren Kopf fest an den meinen. Und da, ohne dass ich damit gerechnet habe, läuft mein Herz über. Noch eine letzte Umarmung, ein Blick in ihre lachenden Augen, und schon werde ich von einer Helferin weitergeschoben. Wie besoffen warte ich neben der Bühne auf Anne, die mir auch schon hinterherkommt, und sie deutet auf einen der Monitore neben der Bühne: Im Großformat sehen wir Jana, wie sie in der Umarmung der Amma versinkt, wie sie sanft geschaukelt wird und wie ihr plötzlich dicke Tränen über die Wangen kullern. Als Jana auf uns zukommt, lächelt sie, während sie mit einem Ärmel ihres Pullis die nassen Spuren aus dem Gesicht wischt. Und ich lächle auch. Zum einen, weil wir beide wissen, dass ich sie für immer damit aufziehen werde, zum anderen, weil diese kleine, rundliche Frau aus Indien es geschafft hat, Janas Panzer zu durchbrechen und ihr die Hoffnung zurückzugeben, dass das Gute entgegen aller Erfahrung vielleicht doch existiert. Lachend nehmen wir uns in die Arme, untergehakt schlendern wir drei davon und auf unseren Gesichtern liegt das gleiche selig-doofe Grinsen, wie es die meisten hier aufhaben. Es ist eine Ahnung von dieser schönen Idee, dass Liebe und Menschlichkeit die Prämissen unseres Handelns sein sollten. Erstaunlich, dass wir das immer noch nicht hinbekommen haben, 2000 Jahre nachdem ein Mann an einen Baumstamm genagelt worden war, weil er gesagt hatte, wie fantastisch er sich das vorstelle, wenn die Leute zur Abwechslung mal nett zueinander wären.[12]

Verstehen Sie mich nicht falsch: Ich werde auch in Zukunft keine Saris tragen und von Schellenklängen werde ich mich auch fernhalten. Kein Räucherstab wird mein Haus je lebend betreten und ich glaube immer noch, dass der eine oder andere auf dieser Veranstaltung einen wirklich, wirklich großen Knall hat – aber ein bisschen weniger Abgeklärtheit und dafür ein Hauch mehr Hoffnung macht sogar mich unspirituelle Zweiflerin eine Spur glücklicher. Und offener für die Dinge, die mich noch erwarten.

Amma hat an diesem Tag übrigens noch bis früh um drei weiter umarmt.

Ich wette, sie hat gelacht dabei.

»Siehst du, sobald du etwas unternimmst, das sich über die Gefühlswelt erfahren lässt, wird es plötzlich ganz positiv – sogar bei Jana!«, freut sich Anne anderntags, als wir das Erlebte Revue pas-

---

12   Der letzte Satz ist in Teilen aus *Per Anhalter durch die Galaxis* von dem wunderbaren Douglas Adams entnommen.

sieren lassen. »Und da gibt es noch so vieles, was du tun könntest! So etwas wie Chanten zum Beispiel«, überlegt Anne laut weiter, »oder Tanzen, das würde dir bestimmt Spaß machen – und da muss man auch an nichts glauben!«

Chanten, das muss man wissen, heißt so viel wie singen, und zwar in einem irgendwie religiös-transzendentalen Rahmen. Also nicht alleine unter der Dusche, sondern ein gemeinsames, rituelles Singen. Während man im Chor, auf einer Bühne oder in der Fußgängerzone ein Mindestmaß an Talent vorweisen können sollte, wie etwa einen bestimmten Ton treffen oder eine Melodie halten etc., ist das beim Chanten komplett egal. Erinnern Sie sich an die orange gekleideten Hare-Krishna-Sanyasins? Die haben gechantet[13] – was ist eigentlich aus denen geworden, sind die ausgestorben?

Wenn also weniger die Sangeskunst im Vordergrund steht, sondern einfache Melodien über einen längeren Zeitraum immer wieder wiederholt werden und der Fokus auf dem gemeinsamen Erlebnis liegt, dann handelt es sich um Chanten – oder man ist in die Fankurve eines Fußballstadions geraten, was aber selbst für Laien recht leicht zu unterscheiden ist.

Dass die uralte Praxis des Rezitierens von Mantras tatsächlich eine positive Wirkung hat, ist inzwischen unbestritten: Es baut Stress ab und senkt den Blutdruck. Das haben auch verschiedene Krankenhäuser und psychosomatische Kliniken erkannt und bieten das Chanten oder *Heilsingen* als Therapieform an.

Das Prinzip, dass körperliche Aktion ganz beeindruckende Effekte auf die Gesamtlage haben kann, weiß ich schon aus dem Glücksprojekt: Da stieß ich auf die Lachforschung (Gelotolo-

---

13   Zum Nachsingen:
　　Hare Rāma, Hare Rāma Rāma Rāma Hare Hare
　　Hare Kṛṣṇa Hare Kṛṣṇa Kṛṣṇa Kṛṣṇa Hare Hare«
　　Hare Rama Hare Rama, Rama Rama Hare Hare
　　Hare Kṛṣṇa Hare Kṛṣṇa, Kṛṣṇa Kṛṣṇa Hare Hare

gie), die zum Beispiel herausfand, dass wir durch Lachen unser Schmerzempfinden um bis zu 30 Prozent senken können. Dazu ließ der Humorforscher Willibald Ruch 77 Leute ihre Hand in Eiswasser baden – diejenigen, die lächelten oder lachten, hielten deutlich länger aus.

Trotzdem – Chanten fällt aus. Ein Mindestmaß an Rücksicht auf meine Mitmenschen muss ich nehmen und die Tendenz, mangelndes Sangestalent durch Lautstärke auszugleichen, wirkt dem entgegen.

»Im Ernst«, reißt mich Anne aus meinen Gedanken und in ihrem Blick liegt wieder dieses Flackern, das mir schon die Schamanen eingebrockt hat, »du tanzt doch gern!« Dass sie das Thema Chanten nicht weiter vertieft, spricht dafür, dass sie mich schon mal singen gehört hat. Außerdem hat sie recht:

Ich tanze wirklich gern. Ich habe sogar schon einmal den zweiten Platz beim Luftgitarre-Wettbewerb unserer Agentur gewonnen!

Allerdings sagt mir eine leise Stimme in meinem Hinterkopf, dass es sich bei dem Tanzen, das Anne meint, nicht um Luftgitarre spielen und »YIIIIIIEEEE!!!!!!!«-en handelt.

»Ich kenne da eine, die macht *Trance-Tanz*, das wäre doch was«, überlegt sie laut weiter. (Sehen Sie? Ich hab's doch gesagt.)

Zu *Trance-Tanz* fallen mir ja spontan die Frauen ein, die früher bei Festen immer als Erstes auf der Tanzfläche waren, sich die Schuhe auszogen und die Arme über dem Kopf hin und her bewegten (und was ist eigentlich aus denen geworden?).

TRANCE-TANZ

»Wie, du kommst nicht mit?« Entgeistert sehe ich Anne an. Die klemmt schuldbewusst hinter ihrem Lenkrad und will mich vor der »Tanzwerkstatt« absetzen, statt mit mir zu trancen, wie es eigentlich ausgemacht war. Sie zieht die Schultern hoch. »Na ja der Hannes hat heute angerufen und mich eingeladen, er kocht was, hat er gesagt …«, und damit ist alles klar. Auf Hannes, *den Meditationsguru vom Oberrhein*, ist Anne nämlich schon seit zwei Jahren scharf. Also wünschen wir uns gegenseitig viel Spaß, und dann stehe ich alleine vor dem Tanzstudio.

Eine kleine, quirlige Frau mit roten Locken flitzt an mir vorbei und öffnet eine unscheinbare Tür, warmes Licht fällt nach draußen und Musik ist zu hören. Na, dann mal los.

Wer jemals mit 18 von einem Loft/Studio in einem Hinterhof einer Großstadt geträumt hat, fühlt sich hier sofort wohl. Genauso hätte es ausgesehen. Im Eingang gibt es eine Theke, dahinter eine Kaffeemaschine (da hätte ich vermutlich eine Leuchtreklame aufgehängt) und eine Metall-Wendeltreppe in den ersten Stock (dort wäre das Schlafzimmer gewesen). Der eigentliche Tanzsaal ist durch eine Milchglaswand abgetrennt, und da drin ist noch mords was los, ich bin nämlich sauber zu früh dran: entweder die gucken da drin gerade einen Bollywoodfilm oder … Bauchtänzerinnen! Da geht auch schon die Flügeltür auf und es quillt ein Rudel Bauchtänzerinnen heraus und bimmelt fröhlich die Wendeltreppe hinauf.

Eine große Frau mit wunderbar römisch-gebogener Nase streckt mir lächelnd die Hand entgegen »Hallo, ich bin Karola.« Das ist sie also, die Trance-Tänzerin. Sieht ganz normal aus. »Das ist meine Freundin Marion, die assistiert heute«, sagt Karola und deutet auf die Rotlockige, die mir von der Kaffeemaschine aus zuzwinkert. Karola stößt die Tür zum Tanzsaal auf. »Ich muss noch aufbauen, aber komm ruhig rein.«

Der Tanzsaal sieht aus, wie es in Tanzsälen aussieht: groß, Spiegelwand, eine Ballettstange an der Wand und ein Yogamattenstapel – aber eben auch: ein riesiger Gummibaum, Salzlampen und ein Sofa in der Ecke.

Während ich mich noch frage, was man denn für Trance-Tanz aufbauen muss (ein Drogenbuffet?), fangen Karola und die Rotlockige auch schon an, die dünnen Yogamatten rundherum vor die Wände zu legen. »Damit die Leute nicht gegen die Wand laufen, in Trance«, erklärt Karola, als sie meinen fragenden Blick sieht. *Mit wie vielen Leuten rechnen die hier?*, überlege ich – bis jetzt sind wir zu dritt. Oder rennt man in Trance auch schon mal mit Vollgas durch den Saal? Ob es schon jemals passiert ist, dass jemand mit gebrochenem Nasenbein gesagt hat: »Ach, da bin ich aus Versehen in Trance gegen die Wand gerast?«

Karola legt ein großes Tuch in die Mitte des Saals, »aus Peru«, sagt sie, »Trance-Tanz ist ein schamanisches Ritual«, und tatsächlich: Was sie da auf dem Tuch verteilt, erinnert an die Innenausstattung der Marianne-Sägebrecht-Schamanin: Pfeifen, Rasseln, Räucherwerk. Karola schmeißt einige Sitzkissen rund um das Tuch und ich bin gespannt, wer da jetzt noch so kommt.

Als Erstes kommen drei Männer Mitte 30 in Jeans und Turnschuhen. Insgesamt sind wir schließlich 15 Leute, acht Frauen, fünf Männer. Die zwei Mädels neben mir unterhalten sich über den katastrophalen Wohnungsmarkt in München, sie sind erst kürzlich zum Studieren hierhergezogen. Wir sitzen im Kreis um das Tuch herum. Das Im-Kreis-Sitzen ist der kleinste gemeinsame Nenner aller spirituellen Disziplinen. Falls Sie sich mal als Anfänger in eine esoterische Veranstaltung verirren: in einen Kreis setzen geht immer, damit macht man nichts verkehrt, das ist eine Art transzendentales *»Sieht auch zu Jeans gut aus«*.

Falls sich jemand fragt, warum wir hier herumsitzen, statt sofort loszutrance-dancen: Karola stellt sich und ihre Assistenten vor, da sind inzwischen noch zwei dazugekommen, und erklärt, was uns erwartet. Gott sei Dank macht sie das, denn so habe ich etwas Zeit, mich auf eine totale Katastrophe einzustellen: Wir bekommen nämlich Augenbinden um, sagt Karola. Augenbinden! Augenbinden heißt nichts sehen, und das steht für mich gleichbedeutend mit ausgeliefert sein, Kontrollverlust, Gefahr und dem sicheren Tod.

»Die Augenbinde hilft dabei, sich nicht mit den anderen zu vergleichen«, erklärt Karola, »sie macht es euch leichter, euch auf das Innen statt auf das Außen zu konzentrieren.« Das leuchtet durchaus ein: Man läuft nicht Gefahr, die Disco-Queen zu geben, man wertet nicht, ist weniger abgelenkt und man ist auch anonymer und muss sich nicht schämen – die anderen sehen einen ja nicht. Das kommt mir, wenn ich kurz an meinen Papagei denke, eigentlich sehr entgegen. Am allerliebsten wäre es mir allerdings, wenn nur alle anderen eine Augenbinde tragen würden und ich nicht. Stattdessen sind die Einzigen, die keine Augenbinden tragen, Karola und ihre Assistenten. Die passen nämlich auf, dass wir uns nicht gegenseitig zu Fall bringen oder uns zu Tode erschrecken, weil uns ein Blatt vom Gummibaum streift. Sie werden uns dazu aber weder anfassen noch uns ansprechen, sagt Karola – aber wie wollen sie das denn sonst machen ...?

»Danach«, sagt Karola, legen wir uns zehn Minuten still hin und entspannen und dann setzten wir uns noch einmal zusammen. Da meldet sich einer der Männer, Henning, zu Wort: »Was ist, wenn starke Emotionen kommen? Und wenn man weint?«

Alle sehen gespannt Karola an und ich sehe gespannt Henning an: ist Henning der Horst des Trance-Tanz?

Alles ist kein Problem, beruhigt Karola, obwohl Trance-Tanz nicht mit Ausdruckstanz zu verwechseln ist – es wird nicht kathartisch nach außen getanzt, sondern nach innen – sozusagen das Gegenteil von Luftgitarre –, wir sollen uns von den Schwingungen leiten lassen.

Zur Einstimmung oder auch als Thema erzählt uns Karola eine Geschichte der Sufis, über die kann man dann trancen oder auch nicht (die Sufis sind die mit den tanzenden Derwischen).

Die Geschichte geht so:

> »*In einem kleinen Dorf sitzen die Frauen vor ihren Häusern und nähen. Nur Rabia, eine von ihnen, sucht den Boden vor ihrem Haus ab: Sie hat ihre Nadel verloren. Die Nachbarinnen kommen Rabia zu Hilfe und fragen: ›Wo ungefähr hast du sie denn verloren?‹ und Rabia antwortet: ›In der Hütte!‹*
>
> *Die Nachbarinnen schütteln die Köpfe: ›Aber Rabia, warum suchst du dann draußen?‹ Da antwortet Rabia: ›Weil draußen Licht ist, dort ist es leichter zu suchen, in meiner Hütte ist es dunkel!‹ Die Nachbarinnen lachen und machen sich über sie lustig, weil sie die Nadel draußen sucht, wo sie ja nicht sein kann* – und Rabia schlägt sich nun nicht mit der Handfläche gegen die Stirn und sagt: ›Mensch, blöd, da hätte ich ja selber drauf kommen können!‹«

Nein, sie sagt:

> *›Ich folge nur eurem Beispiel. Ihr sucht das Glück immer in der äußeren Welt, ohne euch die Frage zu stellen: Wo habt ihr es verloren? Ihr sucht im Außen, weil eure Sinne sich nach außen öffnen, weil es dort ein wenig heller ist. Eure Augen schauen nach außen, eure Ohren hören nach außen, eure Hände gehen nach außen. Das ist der Grund, warum ihr im Außen sucht, doch dort habt ihr es nicht verloren.‹«*

Ich weiß nicht, wie es Ihnen geht, aber ich hasse solche Geschichten. Als wäre man zu doof, eine klare Aussage zu verstehen – und seien wir ehrlich: gefunden hat sie ihre Nadel bestimmt trotzdem nicht, schlaue Sprüche hin oder her. Dann werden rundherum die Augenbinden verteilt. Das Tuch in der Mitte und die Sitzkissen werden weggeräumt und wir stellen uns verteilt im Raum auf.

Damit wir leichter in Trance kommen, und das völlig legal und ohne Drogen, bringt uns Karola den Feueratem bei. Feueratem ist mitnichten der Atem, den man nach dem Verzehr der Poseidonplatte beim Griechen um die Ecke mit nach Hause nimmt, sondern eine schamanische Technik:

Man muss zweimal schnell hintereinander und tief durch die Nase einatmen (so, als würde man einen Hund nachmachen) und dann langsam durch den Mund ausatmen … machen Sie das ruhig, es wird einem nach ein paarmal schön schwindelig davon. Aus den Lautsprechern fängt schamanische Trommelmusik an, jetzt heißt es Augenbinden aufsetzen und los geht's.

Wenn man sich eine Augenbinde anlegt, ist es erst mal ganz schön … genau: dunkel. Kunststück, werden Sie sagen, wenn man einfach die Augen zumacht, ist es auch dunkel, und trotzdem gibt es einen feinen Unterschied: Mit geschlossenen Augen können Sie mal eben blinzeln und auch wenn Sie es nicht tun, wissen Sie, dass Sie es jederzeit tun *könnten*. Mit einer Augenbinde kann man zwar auch blinzeln, aber es bleibt dunkel, und das macht mich fertig. Wer weiß schon sicher, ob nicht gleich ein Tänzer durchgeht und mich umrempelt, bevor Karola und ihre Truppe einschreiten können? Oder ob der Gummibaum umfällt? Oder ob sich der irre Axtmörder in das Tanzstudio verirrt?

Vorsichtshalber nehme ich eine Position ein, die mir ein bisschen mehr Sicherheit vermittelt: leicht in die Knie gehen, etwas vornüberbeugen und mit ausgestreckten Armen den Raum um mich herum abtasten. So lässt sich das Dunkel einigermaßen aushalten – aber mit Trance meinte Karola was anderes, so viel ist klar. Ich muss mich jetzt zusammenreißen – sich zusammenreißen ist zwar echt das Gegenteil als sich von Schwingungen leiten zu lassen, aber mach was. Ich richte mich auf, konzentriere mich auf die rhythmische Trommelmusik und mache Feueratem, bis ich schön bedudelt bin. Ja, so ein bisschen mitwippen und leicht hin- und herschwingen kann nicht schaden, das geht ganz gut. Jetzt noch die Arme dazu – Moment! Gleich tanze ich wie die Frauen früher bei Festen! Außerdem höre ich da was rasseln – augenblicklich gehe ich wieder in meine umsichtige Sicherheitshaltung. Da nähert sich jemand, arschklar, und je näher, desto lauter ist das Geräusch. Es dauert einen Moment, dann begreife ich: Sobald ein anderer Tänzer zu nahe kommt oder man sich dem Gummibaum oder einem anderen Hindernis zu sehr nähert, kommen die Assistenten und Ute zum Einsatz: Mit Trommeln oder Schellen scheppern sie dazwischen und automatisch weicht man vor dem lauter werdenden Geräusch zurück. Das haben sie sich wirklich fein ausgedacht, finde ich, und funktioniert hervorragend. Solche und andere Gedanken treiben durch mein Fusselhirn, zusammen mit einem Einfall, was ich L. zum Geburtstag schenken könnte, einer Überschlagung, wie teuer uns ein Dachausbau kosten könnte, und einer imaginären Vervollständigung der Einkaufsliste für morgen.

Ich bin eine echte Niete im Abschalten, so viel ist klar. Immer wieder muss ich von Neuem mit der Atmerei anfangen und kaum fange ich wieder an, vor mich hin zu wackeln, geht es schon wieder los:

- Riecht es da nicht ziemlich nach Schweiß?
- Da wird doch herumgetrampelt?
- Oje, da räuchert jemand!
- Und was ist das – ein Stöhnen?

So geht das in einer Tour, ich gehe mir schon selbst auf den Keks. *Contenance!*, versuche ich mich wieder zusammenzunehmen, aber das Stöhnen, also das ist nun ziemlich eindeutig. Rhythmisch, männlich, laut und – sexuell! Was zur Hölle machen die da? Als in meinem Kopf ein Bild aufploppt, das einen wilden Porno im Tanzsaal zeigt, in dessen Mitte ich leicht vorwärtsgeneigt und mit Augenbinde durch die Luft rudere, ist es vorbei mit jeglicher Contenance: Vorsichtig schiebe ich die Binde etwas nach oben und linse in Richtung Stöhner. Die gute Nachricht: Alle haben noch ihre Klamotten an. Die andere Nachricht: Henning steht in einer Ecke und macht deutliche Schiebe-Bewegungen mit seinem Becken. Die zugehörigen Geräusche kommen auch von ihm. Also so was.

Was haben wir denn für ein Problem?

Und noch während ich mich wundere, macht sich ein rasend schlechtes Gewissen breit: Schließlich geht Henning davon aus, dass ihn niemand beobachtet. Die Augenbinde verschafft ja eigentlich eine wunderbare Anonymität, aber ich dringe hier in die Intimsphäre der anderen ein. Apropos andere – linst eigentlich noch jemand außer mir? Natürlich nicht. Ich sehe mich um und alle meine Kollegen, außer Henning, dem alten Ferkel, sind dabei, sich zu wiegen, zu schunkeln und eine hüpft. Eine der Studentinnen hat sich auf den Boden gesetzt und bewegt nur noch ihren Oberkörper, um sie herum haben die Assistenten Kissen gelegt, damit niemand auf sie draufsteigt, und einer ist immer in ihrer Nähe. Die passen echt gut auf, das muss man ihnen lassen. Ich verlasse mich trotzdem lieber auf mein eigenes Augenlicht, Kurzsichtigkeit hin oder her.

Allmählich wird die Musik leiser, dadurch ist Hennigs Stöhnen etwas besser zu hören, und alle legen sich auf die herumliegenden Yogamatten. Henning muss von Karola mithilfe einer Rassel aus seiner Trance geholt werden, der würde vermutlich sonst bis morgen so weitermachen. Als nach zehn Minuten die Musik aus ist und sich alle allmählich aufrichten und die Augenbinden vom Kopf ziehen, sehe ich sofort zu Henning rüber: Er guckt freundlich zurück. Zum Abschluss sitzen wir wieder im Kreis auf unseren Kissen, das ist auch so ein Grundgesetz solcher Veranstaltungen: Danach sitzen alle zusammen und erzählen, wie sie es fanden und wie es ihnen so geht, jetzt. Was sag ich da nur? *Ich konnte mich nicht so gut konzentrieren, weil unser Henning hier den ersten Platz im Luftsex-Wettbewerb gewonnen hat?* Und was sagen die anderen?

Eine zierliche blonde Schwedin macht den Anfang: »Ich dachte so: Hui, ganz schön kraftvolle Männer hier im Raum«, fängt sie an, und das hat sie wirklich äußerst elegant gesagt. Ansonsten ist bei zwei Teilnehmern »energetisch wahnsinnig viel passiert«, einer war unsicher, wie weit er sich bewegen kann, einer war »ganz weg«, die Rotgelockte hat sich »so leicht gefühlt« und ich überlege immer noch, was ich sage.

»Ich habe gemerkt, dass ich – mich leicht ablenken lasse«, versuche ich es diplomatisch und sehe in die Runde. Alle lächeln und nicken, Henning auch. Und da merke ich: Dieser lächelnde Henning geht mir richtig auf den Keks – warum ist der so ruhig und sieht mir seelenruhig ins Gesicht, während ich hier rumdrucke und an seiner Stelle rot werde?

Wie ein schamanischer Blitz trifft mich plötzlich die Erinnerung an meinen randlosen Brillenfreund Andreas aus dem Schamanenseminar, wie wir uns die Hände reichten und uns sagen mussten, was uns am anderen stört ... und mir dämmert: Es ist gar nicht Henning, der mir auf den Keks geht! Was mich so auf die Palme bringt, ist, dass ich nicht zustande bringe, was für alle anderen hier, und für Henning ganz besonders, anscheinend gar kein Problem ist: die Kontrolle abzugeben, sich fallen zu lassen, Vertrauen zu haben, sich mitzuteilen und die eigenen Wunden zu zeigen! Besonders Henning macht sich durch sein Ausleben von was auch immer ganz ohne Scheu unglaublich verletzlich! (Oder er ist schlicht ein altes Ferkel.) Der einzige Wicht jedenfalls, der sich überhaupt nichts traut: bin ich.

Mit einem Gesicht wie drei Tage Regenwetter sitzen Anne und ich am nächsten Tag beim Frühstück im Café Einstein. »Du warst also nicht in Trance?«, fragt Anne und taucht ihr Croissant in den Milchkaffee, als wollte sie es ersäufen. »Nö«, schüttle ich den Kopf und tippe mal: »Du mit dem Meditier-Guru wohl auch nicht?«

»Ach«, platzt es aus Anne heraus, »der kann mich mal.« Wie sich herausstellt, hat Annes Guru vom Oberrhein eine verblüffend ähnliche Figur gemacht wie mein Henning beim Trance-Tanz.

»Und kochen kann er auch nicht«, grummelt Anne in sich hinein, »glaube ich zumindest, er macht nämlich gerade eine komische Fastenkur und darf nur Rote Beete, Kokosmilch, Weizen, Knoblauch und noch ein paar ausgewählte Sachen essen. Klingt komisch? Dann stell dir erst mal vor, wie das geschmeckt hat!« Anne ist sauer. Der Meditierer hat etwas geschafft, was den wenigsten gelingt: Anne ist nämlich schwierig aus ihrem Om zu bringen – aber schlechtes Essen UND schlechter Sex, das ist zu viel. Wobei mich das mit der komischen Diät auf eine Idee bringt: »Anne, kennst du dich mit Fasten aus?«

Fasten

»Fasten im Sinne von Diät? Auf tierische Fette verzichten? Nur die Hälfte essen?«, fragt Anne. »Fasten im Sinne von überhaupt nichts essen«, antworte ich.

»Überhaupt nichts im Sinne von – gar nichts?«, fragt an diesem Abend auch L., der es gar nicht fassen kann. »Nicht mal, nicht mal – Tramezzini?«

Typisch für L., dass er die reichlich belegten italienischen Sandwiches als Synonym für »fast nichts« ins Feld führt. »Nein, nicht mal Tramezzini«, antworte ich und L. starrt mich entgeistert an, was mich provoziert, noch eins draufzusetzen: »Nicht mal Bier!«, füge ich deswegen noch hinzu, was L. zu dieser Geste nötigt, bei der man einen Zeigefinger gegen die Schläfe hält und dann abdrückt, als wäre er eine Pistole. Keine Ahnung, was er damit sagen will.

Im Ernst, Fasten soll super sein! Schon Hippokrates (genau, der mit dem Eid) hat zur Behandlung kleinerer Wehwehchen zum Fasten geraten. Einige der gängigsten Religionen empfehlen Fasten als Mittel auf dem Weg zur Erleuchtung und zur Seelenreinigung und als Heilfasten ist die Nicht-Esserei ähnlich hip wie der Jakobsweg – alte Traditionen liegen wieder im Trend, ganz klar.

Wenn einem die Welt mitsamt Job, Beziehung, Steuererklärung und Ratenzahlungen zu viel zu werden droht, steigt direkt proportional die Faszination, die alte Steinhäuser mit Feuerstelle, selbst gezogenes Gemüse und die Natur im Allgemeinen auf einen ausüben. Es ist dieses Weniger-ist-mehr-Prinzip, das in unserer Gesellschaft so wahnsinnig gut ankommt beziehungsweise in allen Gesellschaften, die im Überfluss leben.

Dort, wo die Leute eh nichts haben außer der Hand in den Mund, werden Bücher wie *Simplify your Life* vermutlich einen eher überschaubaren Erfolg habe. Auch diese Urlaubskonzepte, bei denen wir Wohlständler statt einer Woche St. Tropez die Ersteigung des Kilimandscharo buchen oder die Arktis »machen«, ist ein westliches Rätsel. Nur wir verbringen unsere Ferien an einem möglichst ungastlichen Ort, um dort mit beschissenem Wetter und fragwürdigem Essen zu ringen. Oder nehmen Sie nur die schnuckeligen, uralten Bauernhäuschen auf dem Land: Der Bauer baut sich daneben ein neues Haus mit Fußbodenheizung, Doppelglasfenstern und isoliertem Dach, während nebenan im Bauernhäuschen ein wohlhabendes Paar aus der Stadt an den Wochenenden fröstelnd am zugigen, authentischen Holzkamin sitzt.

In meinem Kopf schwirren auch ein paar Halbwahrheiten unbekannten Ursprungs herum, die sich im Wesentlichen darum drehen, dass Fasten irgendwie »entschlackt«. Dass es einen wacher, gesünder, konzentrierter, glücklicher und toller macht. (Und dass man sich dazu einen Einlauf verpassen muss! Ich hoffe für uns alle, dass sich das umgehen lässt.) Angeblich ist es auch gut gegen Kopfschmerzen und depressive Verstimmungen und DAS Mittel der Wahl für alle, die sich mal ordentlich um ihre innere Mitte kümmern wollen.

Ich persönlich hoffe außerdem, dass dieses inzwischen alltägliche Gefühl, man hätte eben ein Käsefondue gegessen, dem Gefühl weicht, das man nach einem Saunabesuch inklusive eiskalter Dusche hat, nach einem langen Hundespaziergang bei Wind und Wetter und frisch geduscht in einem frisch bezogenen Bett. So will ich mich fühlen. Inwiefern ich dann auch klarer im Kopf werde, zündende Ideen ausspucke und wie »rein« meine Seele nun genau wird, bleibt abzuwarten und wird beobachtet.

Ganz heimlich liebäugele ich natürlich mit der Aussicht, dass nach der Fasterei die Jeans wieder passt, die seit Jahren ganz hinten im Schrank liegt. Passenderweise habe ich eine Woche mit mäßig viel Arbeit vor mir und davon kann ein großer Teil von zu Hause aus erledigt werden, was die Wahrscheinlichkeit, dass ich entkräftet im Treppenhaus der Agentur zusammenbreche, sinken lässt.

Obwohl ich nicht weiß, was an »nichts essen« so schwer sein soll, habe ich auf dringendes Anraten von allen Seiten ein beratendes Büchlein gekauft. Ein ganz schlichtes, mit dem Titel *Fasten*, ich finde, das bringt es ziemlich auf den Punkt. Nicht in den Einkaufskorb gewandert sind:

- *Entdecke deinen Fastentyp* (Was ist man da? Der Herbsttyp? Der Nuss-Nougat Typ?)
- *40 Tage fasten* (40 Tage, das sind ja *vierzig* Tage! Bei denen piept's wohl!)
- *Basenfasten* (klingt unanständig)

Einer von den Artikeln, bei denen Amazon nach meinem Kauf überzeugt ist, dass sie mich auch noch interessieren könnten, ist übrigens ein 3-Liter-Klistierbeutel mit Softdarmrohr. Unfassbar. Ich muss gleich nachgucken: Der Klistierbeutel hat sogar Kundenrezensionen! Nur zwei, aber immerhin. Sie sind auch gar nicht schlecht (drei Sterne), aber was der Kunde *W.* meint, ist mir nicht ganz klar:

»Gute Verarbeitung, guter Gebrauchswert egal wofür. (Med. Spaß) Es ist nichts für einen längeren Gebrauch, aber er erfüllt alle Vorraussetzungen.«

»Was ist wohl ein *Med. Spaß?*«, frage ich L. einen Abend bevor es mit der Fasterei losgehen soll. Der reibt gerade Parmesan über unsere Spaghetti und sieht mich mit großen Augen an.

»Heißt das ›medizinischer Spaß‹?«, bohre ich weiter, »und wenn ja, was sind medizinische Späße? Und wie lange ist ein ›längerer Gebrauch‹ bei Klistierbeuteln?«

»Au! Verdammt, Alex, jetzt habe ich mir in den Finger gerieben!«, flucht L. und verlangt, erst nach dem Essen weiter über Klistierbeutel-Späße zu sprechen, sonst gäbe es nämlich keins. Der Spielverderber.

TAG 0

Der erste Tag der Fastenwoche heißt unter uns Fasten-Profis »Entlastungstag«. Die Bezeichnung ist irreführend, denn in der Wirklichkeit be-lastet man sich, und zwar mit Gedanken an Essen. Während dieses Tages gibt es nämlich keinen Zucker, kein Fleisch, keinen Fisch, keinen Alkohol und nichts Fettiges. Damit wird dem Körper schon mal klargemacht, dass jetzt andere Saiten aufgezogen werden. Ein extrem freudloses Vollkornbrot, etwas Obst oder eine Kartoffel hingegen gehen. Nicht gehen tun: ein Milchkaffee, ein Marmeladentoast sowie ein weiches Ei. Was alles noch nicht geht, male ich mir in den saftigsten Farben aus, während ich auf besagtem Vollkornbrot herumkaue. Bei einem Entlastungstag sinkt die Laune einer durchschnittlichen Autorin auf einige Grade unter Minus, was insbesondere der zuständige Lebensgefährte zu spüren bekommt – der sich prompt zum Sport verzieht. Wie soll das erst werden, wenn sogar das olle Vollkornbrot wegfällt? Das schlaue Buch sagt, ich soll mich nun innerlich auf die kommenden Fastentage einstellen und mir Stift und Papier bereitlegen – vielleicht möchte ich ja irgendetwas aufschreiben. Tatsächlich möchte ich eigentlich nur irgendetwas essen, aber vielleicht hilft es, wenn ich das aufschreibe. Ferner wird mir geraten, nicht damit zu hadern, was ich verloren habe (Milchkaffee, Marmeladetoast etc.), sondern mich stattdessen fragen, was mir noch alles Tolles bleibt! *Vollkornbrot*, denke ich und meine Laune rutscht gleich noch ein paar Geschosse tiefer. *Und ab morgen auch das nicht mehr*, denke ich noch hinterher und gehe vor Frust um neun Uhr ins Bett.

TAG 1

Ich habe letzte Nacht von French Toast geträumt. Mit viel Puderzucker und Butter und Ahornsirup. Während dem Aufwachen sickert langsam, aber sicher die Erkenntnis in mein Bewusstsein, dass dieser French Toast erst mal ein Traum bleiben wird. »Und, was hast du geträumt?«, fragt L., der sich aus dem Berg Decke neben mir wühlt. Dass ich von Essen geträumt habe, ruft ihm anscheinend den gestrigen Tag in Erinnerung und, hast du nicht gesehen, ist der Mann geduscht, angezogen und ausgeflogen.

Keine Stunde später und ohne French Toast sitze ich am Küchentisch vor meinem »Frühstück«: ein halber Liter warmes Wasser, in dem sich 30 Gramm Glaubersalz aufgelöst haben. Das Zeug soll uns alle vor der Klistier-Nummer bewahren und den Dünnpfiff des Jahrhunderts auslösen, weshalb auch empfohlen wird, sich nicht weiter als ein paar Sprünge vom nächsten Klo zu entfernen. Es ist sozusagen das Gegenteil von einem Frühstück. Inzwischen bin ich richtiggehend froh, dass L. das Haus verlassen hat, denn die Vorstellung davon, dass er für den Rest unserer Tage die Geräusche nachahmt, die wahrscheinlich demnächst aus unserem Badezimmer ertönen, lässt mich erschauern. Zehn Minuten Zeit habe ich, sagt das Büchlein, das Zeug zu trinken. Ich werde mich jedoch an die beliebte Ex-und-Hopp-Methode halten, das funktioniert mit den Ekel-Cocktails im *Dschungelcamp*, dann wird das ja wohl bei ein bisschen Salzwasser auch funktionieren.

15 Sekunden nach dem Ex-und-Hopp ist klar: Die Methode funktioniert zwar, aber nur ganz kurz. Dann wehrt sich der Körper nämlich (völlig zu Recht) gegen dieses Zeug und schickt es auf direktem Weg wieder zurück. Aus diesem Grund sind nun Küchentisch und Küchenboden mit einer feinen Glaubersalzlösung bedeckt – die übrigens überhaupt nicht nach Salz schmeckt, sondern nach etwas, das man in der Hölle vorgesetzt bekommt. Es ist eine riesengroße Erleichterung, das wieder los zu sein – allerdings nur bis zu dem Moment, in dem mir klar wird, dass ich den

ganzen Schmu jetzt NOCH MAL trinken muss. Das Büchlein sagt, ein paar Schnitze Zitrone könnten helfen, in die kann man beißen, wenn es zu eklig schmeckt – inzwischen ist der Fokus so auf Essen gerichtet, dass ich »ein paar *Schnitzel*« lese, in die ich hineinbeißen soll, was einen kurzen Moment der Freude hervorzaubert. Einen sehr, sehr kurzen Moment der Freude.

Das Büchlein hat mit dem Schnitz Zitrone recht: Wenn man in langen Zügen und ohne zu atmen durch einen Strohhalm von dem Teufelszeug trinkt und beim Absetzen sofort an der Zitrone lutscht, muss man sich zumindest nicht sofort übergeben – was der Mindestanspruch an ein Getränk ist, den man haben kann. Währenddessen frage ich mich jedoch, ob ich noch alle Tassen im Schrank habe, dass ich mir so etwas antue. Tatsächlich habe ich mir aber die letzte Zeit ganz andere Sachen angetan, nämlich eine komplette Packung Häagen Dazs Karamel vor dem Fernseher, mehr als einmal eine komplette Packung Backofenpommes mit Ketchup, Schinken-Käse-Toasts als Zwischendurch-Happen und von der Nuss-Nougat-Sache will ich gar nicht erst anfangen. Es ist, als hätten sich die Maßstäbe in Fett aufgelöst. Wenn das hier vorbei ist, werde ich einen einzelnen schrumpeligen Bio-Apfel so genießen können, als wäre er eine Gamba-Lasagne. Oder ein Spargel-Risotto. Oder frische Pasta mit Trüffelöl. Oder ein Entrecôt medium und mit Gemüse in Butter geschwenkt – ich habe Hunger, merkt man das?

Außer dem Tipp mit der Zitrone geht mir das Büchlein inzwischen schwer auf den Keks, es überschreitet nämlich permanent seinen Kompetenzbereich. Ständig ist die Rede von unserer hektischen Zeit, den schlimmen, elektrischen Geräten und wie weit wir von Mutter Natur entfernt sind. Es fehlt nur noch, dass sie auch zur Außenpolitik und dem letzten Film von Spielberg etwas zu sagen haben – derweilen ist deren einziger Auftrag zu erklären, wie man nichts isst! Außerdem heißt es, ich solle mir »etwas Gutes tun« und mir »etwas gönnen« – und mit »etwas gönnen« meint das Buch Dinge wie ungesüßten Kräutertee oder biologischen Gemüsesaft, ist das zu fassen? Vielleicht »gönne« ich mir gleich noch einen kleinen Verkehrsunfall dazu! Oder eine schöne Blasenentzündung!

Ich werde immer gereizter, vermutlich kann das Buch gar nichts dafür, Schuld ist nur der Hunger, der macht mir nämlich Bauchweh, und sich ablenken funktioniert nur so mittel: Obwohl der Krimi, mit dem ich mich aufs Sofa gekuschelt habe, wirklich spannend ist, leuchtet im Minutentakt eine große, helle Leuchtschrift in meinem Hirn auf:

ESSEN, SCHNELL – DIES IST EINE EILWARNUNG – ESSEN, SCHNELL – DIES IST EINE EILWARNUNG – ESSEN, SCHNELL – DIES IST EINE ...

Unterbrochen nur von einem kurzen Grummeln in meinem Bauch und einem anschließenden:

ZUR TOILETTE, SCHNELL – DIES IST EINE EILWARNUNG – ZUR TOILETTE, SCHNELL – DIES IST EINE EILWARNUNG – ZUR TOILETTE, SCHNELL – DIES IST EINE ...

Donnerwetter. Wie sagt man so etwas einigermaßen uneklig – also, dieses Glaubersalz ist ja in etwa so wie, wie – also erinnern Sie sich an das Hochwasser im Juni 2013? Wie da die Flüsse über die Deiche und Dämme sprangen? So ungefähr. Das Blöde an dieser Sache mit dem Glaubersalz ist, dass man sich nicht weiter als ein paar Schritte vom nächsten Klo entfernen kann (oder will), da die Springfluten relativ überraschend eintreffen. Ein paar Stunden dauert die Wirkung an, sagt das Buch, das heißt, während dieser Stunden werde ich zu Hause bleiben, zusammen mit einem prall gefüllten 245-Liter-Kühlschrank von AEG, der aus der Küche nach mir ruft (abwechselnd mit der Kloschüssel, die selbiges aus dem Badezimmer heraus tut).

»Alex? Bist du zu Hause?« L. kommt am Nachmittag zurück und ich vermeine in seiner Stimme so etwas wie Angst zu hören.

Mit großen Augen steht er kurz darauf in der Küchentür. »Was machst du denn da?« Ich blättere ein bisschen im großen blauen, bayerischen Kochbuch, das mir meine Oma geschenkt hat. Im Moment bin ich auf Seite 230, Schweinebraten mit Knödeln. »Ich lese«, kläre ich L. auf. Liebevoll legt er seine Hand auf meine Schulter. »Ist es schlimm?«, fragt er, aber »schlimm« trifft es nicht.

»Es ist grauenvoll!«, jammere ich. »Mein Magen krampft sich zusammen, ich habe Kopfweh, mir tun sogar die Haare weh!«

»Und wenn du ein bisschen Suppe isst? Geht das vielleicht?« L. ist wirklich bemüht, aber ich verweise auf das Fasten-Buch, das ebenfalls vor mir liegt. »Ich darf an einen Löffel Honig hinlutschen, das habe ich gemacht«, antworte ich und L. sieht sich den großen Suppenlöffel an, der neben dem Buch liegt. »Verstehe«, sagt er, »und sonst nichts?« Ich schüttle den Kopf und L. schnappt sich das Buch. »Hier sind doch Ratschläge, was man sich Gutes tun kann!« Erfreut sieht er mich an. »Hier«, liest er vor, »bei ›Die Seele verwöhnen‹, da steht: *Spüren Sie in Ihren Körper hinein, was er wirklich braucht!* Was brauchst du, Hase?«

Keine Frage, das weiß ich zufällig genau: »Pizza!«

L. spielt mit mir Karten, um mich abzulenken. Das ist zwar wirklich niedlich, aber so gut wie nutzlos. Im Gegenteil: Immer wenn er die Toilette aufsucht, habe ich Angst, das Glaubersalz setzt wieder ein, und was dann? Außerdem rieche ich manchmal Leberwurstbrot, wenn er einen Umweg zum Kühlschrank gemacht hat, was mich wie bescheuert auf seinen Mund starren lässt. Bevor ich ihn attackiere und ihm in die Lippe beiße, gehe ich mit dem Hund spazieren. Spazieren ist gut, heißt es, und wenn Sie jemals eine Fastenkur machen sollten und auf Ihrer Packung Glaubersalz auch stehen sollte, die Wirkung halte circa drei Stunden an: Glauben Sie ihr nicht. Wäre dem so, stünde ich nicht völlig verzweifelt in einem Klo-losen Park, in dem zwar Bäume stehen, aber leider nicht so dicht, dass man dahinter verschwinden könnte. Wie auf Eiern balanciere ich also nach Hause, wobei mich der Hund ebenso wie die Passanten ansieht, als hätte ich nicht mehr alle Tassen im Schrank – ehrlich gesagt bin ich mir auch nicht mehr so sicher, ob sie damit nicht recht haben.

»Was machst du da?«, fragt mich L. heute nun schon zum zweiten Mal, diesmal hat er die Augenbrauen noch etwas weiter hochgezogen. »Meffen!«, antworte ich, was eigentlich *Essen!* heißen soll, aber die Spaghetti in meinen Backen wirken sich nachteilig auf die Aussprache aus. Ja, es ist richtig, ich habe aufgegeben. Wenn man den Entlastungstag nicht zählt, dann habe ich am ersten Fastentag nach exakt elf Stunden aufgegeben. Wenn das mal kein Rekord ist.

Trotzdem fühle ich mich besser als zuvor! Wenn es mit der Erleuchtung und der reinen Seele und so auch noch hapert, so habe ich doch einige Dinge gelernt durch das Fasten:

1. Unser Bad hat 233 Fliesen.
2. Wenn tiefere Einsichten in das Ich, die Welt und den Sinn des Lebens im Fasten verborgen sind, dann werden sie mir für immer verborgen bleiben, denn:
3. Ich kann zwar ertragen, ohne Narkose genäht zu werden, und ich probiere ohne mit der Wimper zu zucken die Kochexperimente meiner Mutter, aber nichts essen, das kann ich nicht.

»Weißt du«, zwinkert L. mir zu, »es ist auch ganz gut zu wissen, was man *nicht* kann – du kannst dafür andere tolle Sachen. Spaghetti mit Salbeibutter zum Beispiel«, sagt's und nimmt sich einen großen Teller aus dem Schrank. *Stimmt*, denke ich und freue mich einfach daran, dass ich in der beneidenswerten Lage bin, Spaghetti mit Salbeibutter zu haben.

Und L. Und das ist der erste Moment, an dem ich mich dem Sinn des Lebens etwas näher fühle.

Reiki-Reiner

Seit meinem Fastentag letzte Woche meint mein Körper anscheinend immer noch, er sollte vorsichtshalber ein paar Reserven anlegen, wer weiß, was da noch auf ihn zukommt. Diese Vorsichtsmaßnahmen treiben mich nun schon zum zweiten Mal innerhalb von wenigen Tagen in die Arme eines skrupellosen italienischen Restaurants mit einer mörderisch guten Küche.

Jana ist so nett und begleitet mich, was aber weniger an ihrer Nettigkeit als an dem hausgemachten Tiramisu liegt.

»Also fassen wir zusammen«, sagt sie und schiebt den leeren Teller von sich, »wir suchen nach körperlichen Erfahrungen, an die man aber nicht glauben muss, damit es funktioniert, richtig?«

»Ja«, nicke ich, »und bei denen man nicht hungern muss!«

»Wie wär's mit Tantra?«, zwinkert sie mir zu, aber da winke ich ab. »Nee, Tantra geht nicht. Da macht mir L. nicht mehr mit, seit wir bei Ruth waren.«[14] Jana grinst. »Ach ja, stimmt. Und Reiki?«

Jetzt bin ich aber platt, »Was ist das? Und wieso kennst DU das?«

Jana winkt ab. »Beruhige dich. Ich weiß auch nicht genau, was das ist, aber ich hab mal einen wahnsinnig gut aussehenden Typen kennengelernt, und der machte das.«

»Und wie hieß der?« Verträumt rührt Jana in ihrer Cappuccinotasse. »Reiki-Reiner hieß der.«

L. haut das an diesem Abend fast vom Tisch: »Reiki-Reiner? So wie, wie, wie Hypnose-Holger? Placebo-Peter? Feldenkrais-Fred?«

---

14 Ruth ist die Tantra-Tante aus meinem Buch *Das Sexprojekt: Wie ich (mich) auszog, die beste Liebhaberin der Welt zu werden* / ISBN: 978-3868822892

»Ja, genau so«, stimme ich zu und gehe in meine Büroecke im Wohnzimmer, bevor sich L. da noch hineinsteigert und ich den ganzen Abend lustige Wortspiele zu hören bekomme. Aber da habe ich die Rechnung ohne L. gemacht. »So wie Horoskop-Heinz?«, tönt es aus der Küche. Na, da habe ich mir was eingebrockt.

Reiki ist irgendwas mit Energie, lese ich nach. Energie, die es wohl generell überall gibt und die ein Reiki-Checker mittels seiner Hände, als wäre er ein Kanal, durch uns durch oder in uns hinein fließen lassen kann. Das ist dann gut für unsere eigene Energie, die in uns zirkuliert oder rumhängt oder was Energien eben so tun. Die Legende besagt, dass der Begründer von Reiki, der Japaner Usui Mikao, Anfang des 20. Jahrhunderts in den Bettlervierteln verschiedener Städte versuchte, die Menschen von Leid zu befreien und ihnen zu helfen, eine Arbeit zu finden und ein sinnvolles Leben zu führen. Als er nach einem Jahr ein paar von ihnen wiedertraf, bettelten sie immer noch und hatten auch sonst nichts getan, um ihr Leben zu verändern. Daraus folgerte er, dass es nicht reicht, wenn der Körper heil ist, auch die geistige Haltung müsse verändert werden. Dazu stellte er folgende Lebensregeln auf:

1. Gerade heute ärgere dich nicht.
2. Gerade heute sorge dich nicht.
3. Verdiene dein Brot ehrlich.
4. Ehre deine Lehrer, die Eltern und die Älteren.
5. Sei dankbar gegenüber allem, was lebt.

Das klingt doch sehr hübsch! (Bis auf die Nummer 5, denn das würde bedeuten, man müsste auch unserem blöden Nachbarn dankbar sein, und das ist vollkommen ausgeschlossen.) Eine andere Legende sagt, dass Herr Usui sich zum Fasten auf einen Berg zurückgezogen hat. Ich nicke verständig, denn fasten habe ich ja auch schon mal gemacht – wir sind praktisch Geschwister im Geiste, der Herr Usui und ich. 21 Tage hat er gefastet (räusper, hüstel) und dort das Reiki entwickelt. Angeblich hat er sich nämlich seinen Fuß an einem Stein gestoßen, der fing an zu bluten und als er seine Hände darum legte, hörte die Blutung auf. *Glückwunsch*, möchte man da rufen, wäre dem nicht so, wäre Herr Usui ja auch schließlich Bluter gewesen.

»Woher kennst du eigentlich diesen Aura-August?«, tönt L. aus der Küche.

»Von Jana!«, rufe ich zurück, woraufhin prompt L.s Kopf in der Wohnzimmertür erscheint: »Von unserer Jana? Was hat die denn mit so einem zu schaffen? Sieht er wohl gut aus?« »Jepp«, nicke ich und L. verschwindet mit einem »Ach so«, wieder in die Küche. Ich sehe mir derweil Reiki-Reiners Website an: *www.reiki-reiner.de*.

Leider ist das Foto von ihm aber viel zu klein, als dass man ihn erkennen könnte. Mist.

»Und? Gehst du hin?«, höre ich es wieder aus der Küche und verstehe erst mal nicht, was L. meint: »Wohin?«

»Zu Kabbala-Klaus!«, freut sich L. deutlich hörbar, noch einen oben draufsetzen zu können. Wenn er so weitermacht, werden mir die Augen vor lauter Rollen nach hinten in den Kopf fallen.

Aber werde ich denn nun hingehen? Was kostet so etwas überhaupt? Auf der Website finde ich Antwort: 30 Euro kostet so etwas für 60 Minuten Behandlung, und das heißt ganz klar: da gehe ich hin. Halten Sie mich für einen Geizkragen, aber ein guter Preis ist für mich ein schlagendes Argument – ich meine 30 Euro! Da kostet ja eine Stunde U-Bahn fahren schon fast mehr.

Während wir L.s gebratenen Schlichtfisch verzehren, teile ich meine Entscheidung mit: »Ich werde zu Reiki-Reiner gehen, das klingt echt gut!«

»Was macht der da eigentlich bei so einer Behandlung?«, erkundigt sich L.

»Der legt einem die Hände auf«, weiß ich aus meinem Internet, was L. etwas schief schauen lässt: »Und wohin legt der seine Hände so?«

Man merkt einfach, dass L. noch von meinem Sexprojekt-Buch etwas angeschlagen ist. »Keine Ahnung«, muss ich zugeben, »aber ich bin mir ziemlich sicher, dass es kein Schweinkram ist.«

Am folgenden Dienstag stehen L. und ich vor Reiki-Reiners Adresse, einem Mehrparteienhaus in einem Münchner Vorort mit Gartenhecke, Jägerzaun und Kinderfahrrädern in der Einfahrt. »Du musst wirklich nicht mitkommen, ich bin mir sicher, dass das hier ganz harmlos ist«, versichere ich L., der eine wegwerfende Bewegung mit der Hand macht: »Ich musste eh in die Gegend, kein Problem, ehrlich«, wobei ich wirklich nicht weiß, was er in dieser Gegend hier zu tun hätte.

Reiner hat seinen Behandlungsraum in seiner Wohnung im Dachgeschoss und als wir die Treppe hochkommen, steht er schon mit einem breiten (und makellos weißem) Lächeln in der Tür.

»Hallo! Schön, dass ihr da seid«, begrüßt er uns freudig und nicht im Mindesten irritiert, dass L. hinter mir her die Treppen hochstapft, im Gegenteil: »Freut mich, dass du mitgekommen bist«, strahlt er L. an, und es klingt vollkommen ehrlich.

Man muss sagen – Jana hatte recht. Er sieht wirklich gut aus. Surflehrer sehen so aus – sonnengebräunt, strahlende Augen und ein obligatorisches Lederbändchen mit irgendeinem Anhänger um den Hals.

Dass es sich bei Reiner nicht um einen Surflehrer, sondern um einen Reiki-Großmeister handelt, ist spätestens an der luftigen Dachgeschosswohnung zu erkennen: viel Holz, viel Orange, es riecht nach (oh nein) Räucherwerk, ein offener Kamin sorgt für wohlige Wärme und dieser beige Stoff-Schaukel-Hängematten-Stuhl hängt auch in einer Ecke. Gemütlich hier! Während ich in Gedanken die Möbel umstelle und einziehe, unterhalten sich Reiner und L. angeregt über den ästhetischen Wert und die Pflege von massiven Holzmöbeln. Das gibt mir die Gelegenheit, mich unauffällig ein wenig umzusehen. Hinter der nächsten (geöffneten, ich bitte Sie) Tür sehe ich ein Arbeitszimmer, mit Glas-Schreibtisch, einem iPhone darauf und einem ultraschicken 27-Zoll-iMac – und bin ehrlich überrascht, diese Dinge hier anzutreffen. Insgeheim schimpfe ich ein bisschen mit mir: *Alex, echt: was hättest du erwartet? Dass Reiki-Reiner mit den Seinen durch Trommeln kommuniziert?* Mann, Mann, Mann.

Reiner führt uns in einen hellen Raum mit asiatischen Teppichen an der Wand, großen, einladenden Sitzkissen, und hier steht auch die Behandlungsliege aus Holz, die mit der flauschigen Decke viel mehr nach Siesta als nach Krankenhaus aussieht. »Schön ist das hier«, finde ich und Reiner freut sich. Ob wir etwas trinken möchten? Wasser mit Chlorophyll vielleicht? L. zieht beide Augenbrauen nach oben, sagt aber nichts. Der Kerl muss ihm wirklich sympathisch sein.

»Machst du das schon lange?«, frage ich und Reiner deutet einladend auf die Sitzkissen: »Also, Meister bin ich seit 1995 und 2007 habe ich mich zum Großmeister einweihen lassen«, antwortet er und wir lassen uns im Schneidersitz nieder. Süß, wie er da sitzt und meint, dass ich irgendeine Ahnung davon habe wovon er spricht. »Ich weiß ehrlich gesagt nicht einmal genau, was dieses Reiki überhaupt ist«, beichte ich und Reiner lacht: »Das ist ganz leicht: Reiki öffnet verstopfte Energiekanäle und gibt einem Energie, um die Kraft zu haben, etwas zu ändern.« Ach so. Na dann.

Außer die Leute mit Energie zu versorgen hat Reiki-Reiner übrigens auch schon im Hotelbetrieb seiner Mutter gearbeitet, eine Schauspielausbildung gemacht, einen Glühwein-Stand betrieben, er schreibt Drehbücher und ist Agama-Yogalehrer.[15] Zum

---

15 Falls Sie sich fragen was Agama-Yoga ist: Ich habe mich das auch gefragt und einen zweiseitigen Artikel dazu gelesen, weiß es aber immer noch nicht. Irgendetwas Ganzheitliches auf jeden Fall.

Reiki kam Reiner durch einen Energieball, sagt er: Während einer Meditation bemerkte er, dass er zwischen seinen Händen eine Art Energieball aufbauen konnte (ich schiele zu L., der neben mir sitzt, aber der zuckt nicht mal). Die Sache mit dem Ball wiederholte er, während er in der Schauspielschule auf den Beginn des Unterrichts wartete. Aus Jux und Tollerei schlich er sich mit dem Energieball zwischen den Händen von hinten an seinen Kollegen Uli heran, kam aber keine zwei Meter an ihn heran, als sich der plötzlich umdrehte und unseren Reiner zur Schnecke machte: Ob er wohl spinne, er solle sofort mit was auch immer aufhören, er bekäme davon Kopfweh. Als Reiner dann das erste Mal von Reiki hörte, war klar: Das mit dem Energieball und die Lehre von der universellen Lebensenergie – das passt wie A... auf Eimer.

Was mir immer noch ein Rätsel ist, sind diese Einweihungen – und ich kenne mich aus mit Einweihungen: Als ich studierte, ging die ganze WG permanent auf Einweihungen, Museen, Möbelhäuser, der neue Kindergarten um die Ecke, egal was: Da gab es Sekt und Schnittchen für umsonst.

»Es gibt die *Behandlungen*, also das, was wir heute machen«, erklärt Reiner geduldig, »und es gibt die Einweihungen in die drei Reiki-Grade. Der erste Grad ist zur ›Öffnung der körpereigenen Energienbahnen‹ …«

»So wie einmal durchputzen?«, werfe ich ein und Reiner nickt nachdenklich mit dem Kopf. »So ungefähr, ja. Manche nennen es auch ›die Chakren aktivieren‹ oder ›den Schüler an die Reiki-Kraft erinnnern‹, die ja in uns allen liegt. Außerdem wird ein bisschen Theorie gelehrt und danach kann man sich selbst und auch andere behandeln. Beim zweiten Grad wird der Schüler in die drei Reiki-Symbole eingeführt und es ist eine Art Kraftverstärkung, beim dritten, dem Meistergrad, wird man in das Meistersymbol eingeweiht, dessen Energie helfen kann, zu einem erleuchteten Menschen zu werden.«

Potzblitz. L. und ich sehen uns etwas ratlos an. »Und die Einweihung in so einen Grad, wie stelle ich mir das vor?«, frage ich nach, denn mit Sekt und Schnittchen hat das Ganze nichts zu tun, so viel ist klar. »Und was ist das mit den Symbolen? Sind das immer die gleichen? Wie sehen die aus?«, legt L. hinterher. Reiner nimmt einen tiefen Schluck Chlorophyll-Wasser. Geduldig ist er, das muss man ihm lassen. Unverschämt mühelos steht er auf und holt ein Buch aus einem Regal. »Hier«, sagt er und zeigt uns drei Zeichnungen auf einer Doppelseite, »das sind die drei Symbole, die bei der Einweihung zum zweiten Grad vermittelt werden.«

L. und ich beugen uns vor und gucken. Das Erste sieht ein bisschen aus wie ein verhunzter Notenschlüssel. Das zweite Symbol erinnert an ein Porträt, so wie es Dalí malen würde, und das dritte Symbol sieht aus wie eins dieser Schriftzeichen, das man als Tattoo auf Männerschultern findet.

»Ach«, sagt L., »und was macht man mit denen?«

»Während der Einweihung malt der Lehrer die Symbole in die Hände des Schülers und spricht den Namen des Symbols dreimal laut aus«, erklärt Reiner, »als Praktizierender stellt man mit dem Symbol die Verbindung zu den Energien her, die es repräsentiert.« L. kratzt sich am Hals. Das macht er immer, wenn er mit etwas nicht einverstanden ist. »Aber wie kann denn ein gezeichnetes Symbol irgendeine Energie haben?«, wirft L. ein, was Reiki-Reiner grinsen lässt: »Ich weiß schon, der Punkt ist für rational denkende Menschen immer besonders schwer zu akzeptieren.«

Jepp, ist er, denke ich. Das ist fast so wie die Sache mit dem Wasser und der Energie, das kenne ich schon von Anne:

Es fing mit ein paar bunten Steinchen an, die sich bei Anne auf dem Boden einer Wasserkaraffe tummelten.

»Was ist das?«, frage ich.

»Edelsteine«, antwortet Anne, »die geben dem Wasser Energie zurück.«

Ich ging mit meinem Gesicht so nahe an die Glaskaraffe, dass ich mit der Nase dagegenstieß. »Wo hat das Wasser denn seine Energie verloren?«, fragte ich Anne, die prompt wusste:

»In den Rohren.«

Ich bemerkte, dass die verschiedenfarbigen Steinchen nicht lose im Wasser lagen, sondern in einer Art Reagenzglas stecken:

»Die Energien gehen von den Steinen durch das Reagenzglas ins Wasser?«

»Jepp«, sagte Anne, »die können Informationen speichern und die geben sie dann an ihre Umgebung ab – wenn man sie hin und wieder auflädt, natürlich.«

»Natürlich«, nickte ich, »und wie lädt man die Steine auf?«

Anne strahlte mich an: »Das ist total einfach, man muss sie nur in die Sonne legen!«

Ich legte den Kopf schief und sah sie zweifelnd an: »Wie diese Solarlampen für den Garten, die sich tagsüber aufladen und dann nachts leuchten?«

»So ungefähr«, meinte Anne zögerlich, legte dann ihren Zeigefinger auf die geschlossenen Lippen und kam nach kurzem Nachdenken zu dem Schluss: »Kann aber auch Quatsch sein.«

Ob es nun Quatsch ist oder nicht – die Steinchen sehen hübsch aus und wenn man davon überzeugt ist, dass sie gut für einen sind, dann ist das wahrscheinlich auch so – schließlich hat die Überzeugung viel damit zu tun, wie es uns geht, der sogenannte Placeboeffekt ist ein Beweis dafür – und seine gegensätzliche

Entsprechung, der Noceboeffekt, auch. Über den hat Dr. Werner Bartens im Magazin der *Süddeutschen Zeitung* (Heft 04/2013) berichtet:[16]

> *Ein Mann, der zum Tode verurteilt wurde und auf seine Hinrichtung wartet, bekommt Besuch von einem Arzt, der ein Experiment vorbereitet hat: Er verbindet ihm die Augen, fesselt ihn an Armen und Beinen an sein Bett und ritzt mit einem Skalpell die Haut an Handflächen und Fußsohlen ein. Gleichzeitig sticht er kleine Löcher in Wasserbeutel, die er an den Bettpfosten angebracht hat. Mit dem Schnitt in die Haut beginnt das Wasser in Blechschüsseln zu tropfen.*
>
> *Der Arzt stimmt einen monotonen Singsang dazu an, der immer leiser wird. Irgendwann tropft das Wasser nur noch langsam in die Schüsseln, und der Mann ist nicht mehr ansprechbar. Der Arzt vermutet, der Mann sei eingeschlafen oder ohnmächtig geworden. Doch er irrt, der Verbrecher ist tot – gestorben an dem Glauben, dass er verbluten würde. Dabei hat er durch die kleinen Schnitte in die Haut nicht mal ein Schnapsglas voll Blut verloren.*
>
> *Dieses ebenso grausame wie aufschlussreiche Experiment fand in den 30er-Jahren in Indien statt. Es ging in die Medizingeschichte ein, als drastisches Beispiel für die Kraft negativer Gefühle und Vorstellungen.«*

Weder bei Placebo noch bei Nocebo gibt es irgendeinen nachweisbaren Wirkstoff – anscheinend hat der menschliche Geist tatsächlich einen unschätzbar großen Einfluss auf den Körper. Bartens zählt noch weitere Beispiele auf, wie die amerikanische Studie, die belegt:

> *»... dass die Wahrscheinlichkeit, an einem Herzschlag zu sterben, für Frauen dreimal so hoch ist, wenn sie glauben, sie seien besonders anfällig für einen Infarkt.«*

---

16 Der Titel des Artikels lautet: *Das falsche Signal. Zu Risiken und Nebenwirkungen fragen Sie Ihren Arzt besser nicht. Denn wenn Sie ihn falsch verstehen, könnte das tödlich enden.*

> Oder der Bericht über Krebsärzte, »... *die wissen, dass manchen Patienten bereits vor der Chemotherapie übel wird und sie schon Tage vorher oder auf dem Weg ins Krankenhaus brechen müssen. Es ist die negative Erwartung, die ihnen übel aufstößt. Umgekehrt erfahren viele Menschen Linderung von einer Kopfschmerztablette, die sie gerade erst geschluckt haben und die aus rein pharmakologischer Sicht noch gar nicht den Schmerz dämpfen kann, weil sie die Rezeptoren und Schmerzzentren im Körper noch nicht erreicht hat.*«

Sogar Nebenwirkungen, vor denen gewarnt wird, tauchen gern erst dann auf, wenn sie dem Patienten bekannt sind. Eine Erklärung dafür, sagen Placebo-Forscher, geben die Botenstoffe, Rezeptoren und Hormone im Gehirn: die Erwartung, ein schmerzlinderndes Medikament zu bekommen, hat anscheinend die gleichen Auswirkungen im Gehirn als das Medikament selbst. Wir reden hier auch nicht von einem Artikel auf der Internetseite *www.shanti-ist-super.com*, sondern von der *Süddeutschen Zeitung* und Dr. Werner Bartens ist auch kein selbst ernannter Guru, sondern ein mehrfach prämierter Journalist, leitender Redakteur im Wissenschaftsressort der *Süddeutschen Zeitung* und Autor von zahlreichen Sachbüchern, die es fast alle in die Bestsellerliste schafften und in 14 Sprachen übersetzt wurden.

Rituale oder Überzeugungen können also tatsächlich einen positiven oder negativen, ja sogar tödlichen Effekt haben. Warum also sollte Reiki nicht funktionieren? Noch dazu, wenn mein zuständiger Großmeister so niedlich ist?

L. macht derweil die Sache mit den Symbolen immer noch zu schaffen: »Nimm's mir nicht übel«, sagt er zu Reiner gewandt, »aber ich kann damit nichts anfangen.«

Auweh, zucke ich zusammen, *hoffentlich schmeißt er uns jetzt nicht raus.* Die Leute sind da mitunter ja rasend humorlos, was ihr persönliches Glaubenssystem betrifft, aber Reiner lacht nur: »Kein Problem. Reiki ist sicher nicht für jeden der richtige Weg. Im Endeffekt geht es doch, wie bei allen spirituellen Richtungen, darum, an sich selbst zu arbeiten.« Ob er denn gar nicht sauer ist, wenn jemand (L.) sein geliebtes Reiki ablehnt? »Nein«, sagt Reiner und lächelt, »ich bin mir in der Sache ja sicher. Wenn ich mich ärgern würde, dann hieße das nur, dass ich in dieser Angelegenheit an mir arbeiten muss.« L. lenkt erleichtert ein: »Gut. Wenn es jemanden glücklich macht, hat es vielleicht seine Legitimation...«, aber Reiner widerspricht: »Na ja, vielleicht eher wenn es niemandem Leid zufügt. Es gibt auch Leute, die macht es glücklich, wenn sie anderen für ein Heidengeld aus der Tasche ziehen können.«

Prompt muss ich an meine 30 Euro denken, die ich in der Tasche habe. »Können wir es dann jetzt – machen?«, frage ich etwas ungünstig und die Herren sehen einen Moment irritiert aus. »Klar«, hat sich Reiner als Erster gefangen und deutet einladend auf die Liege: »Dann mal rauf mit dir!«

Weil ich so ein ahnungsloses Huhn bin, erklärt mir Reiner bevor wir anfangen kurz, wo er mich berühren wird: Kopf, Füße, Rücken und an der Seite. Kein Problem – das einzige Problem, das wir bekommen werden, ist, dass mir höchstwahrscheinlich elendig öde wird. Einfach nur liegen, während jemand eine Stunde lang die Hände auf meinen Rücken legt – da werde ich vermutlich im Geiste die Bundeskanzler und die Gewinner von *DSDS* chronologisch aufzählen. Und dann mache ich die Augen zu und spüre Reiners warme Hände zuerst an meinem Kopf und finde das angenehm, auf meinem Rücken und schließlich an den Füßen und es ist überhaupt nicht langweilig – im Gegenteil: in meinem schläfrig-duseligen Zustand versuche ich mir zu merken, dass ich unbedingt nachher gucken muss, wo diese Liege Federn hat. Als er nämlich meine Füße berührte, ich schwöre, hat die ganze Liege gewackelt und mir sind zuvor gar keine Federn aufgefallen... wie lange das nun schon dauert, weiß ich nicht, aber es ist nicht wichtig und vielleicht sind wir ja schon fertig, vielleicht auch nicht, es ist auf jeden Fall keine Berührung mehr zu spüren, nur meine Füße fühlen sich so sauheiß an, haben die da eine Heizdecke drübergelegt? Habe ich gar nicht gemerkt, ist aber auch nicht wichtig, ich bleibe einfach noch ein Weilchen liegen, summ, summ, dumm.

Als ich etwas bedeppert auftauche aus diesem tranceartigen Mir-doch-alles-scheißegal-Zustand, bin ich überzeugt, dass die ganze Chose eine Viertelstunde gedauert hat, 20 Minuten höchstens.

»Eineinhalb Stunden«, antwortet L., den ich danach frage und der in seiner Verzweiflung sogar zum Chlorophyll-Wasser gegriffen hat. »Was hast du mit meinen Füßen gemacht?«, frage ich Reiner, und im Augenwinkel sehe ich L. zusammenzucken.

»Was ist los?« Ich sehe zwischen Reiner und L. hin und her. »Was war mit meinen Füßen?« Aber L. sieht mich nur mit großen Augen an und Reiner grinst.

»Nachdem ich fertig war, habe ich deinen L. hierhingesetzt«, sagt er schließlich und deutet auf einen Schemel am Fußende der Liege, »ich wollte ihn mit einbeziehen.« Inzwischen mache ich vermutlich genauso große Augen wie L. »Und?«, will ich wissen.

»Und«, schaltet L. sich ein, der sich wieder gefangen hat, »ich saß da und hatte meine Hände so eine Handbreit über deinen Füßen.«

»Keine Heizdecke?« L. schüttelt langsam den Kopf und ich kann es gar nicht glauben. »Oder sonst was? Eine Wärmelampe? Ein Feuerzeug?« Aber L. schüttelt immer noch den Kopf.

»Willst du mich verarschen?«

Amüsiert lächelt Reiner in sich hinein. »Ich stand hinter L. und habe dir Energie durch ihn geschickt«, erklärt er. »Durch meinen L. durch?« Ich fasse es nicht.

»Jepp.«

Da fällt mir etwas ein und ich gehe neben der Liege auf die Knie. »Alex?«, höre ich L. mit einem leicht ängstlichen Ton in der Stimme. Der hat Angst, dass ich durchdrehe, glaube ich.

Was soll ich Ihnen sagen: keine Federn.

L. und ich sitzen wieder auf den großen Kissen und ich bin immer noch fassungslos. Klar, meine heißen Füße und eine wackelige Liege beeindrucken einen Großmeister vermutlich nicht so stark wie mich, aber ich finde es abgefahren. Ich erzähle ihm von meinen bisherigen Abenteuern mit Engeln, Schamanen und Medium, und Reiner nickt bedrückt mit dem Kopf. »Ja«, sagt er bedauernd, »Spiritualität ist für viele auch oft so eine Art Rettungsanker, aber ein scheinbarer. In Thailand habe ich das oft gesehen, besonders bei Frauen: Da sind dann Kommunen, in denen alles Heititei ist und sich alle gegenseitig sagen, wie toll sie sind. Wenn die Frauen dann älter werden und nicht mehr ganz so attraktiv sind, vereinsamen sie nicht selten. Oder die Leute verlieren sich in ihrer spirituellen Welt so, dass sie schließlich kein Bein mehr in der Realität haben.«

Ob er solche Fälle kennt, will ich wissen, und Reiner nickt: »Ja, eine Freundin von mir denkt leider gerade, die Mitglieder des britischen Königshauses seien in Wirklichkeit außerirdische Echsen in Menschengestalt, die nach der Weltherrschaft streben.«

Stille.

»Das ist nicht dein Ernst«, sagt L., aber Reiners trauriges Gesicht verrät, dass doch.

Ich bin wie so oft leider wenig einfühlsam: »Und ist sie in der Klapse?« Aber Reiner schüttelt den Kopf. Es handelt sich gar nicht um eine Einzelperson, der die Betablocker ausgegangen sind, sondern um eine Verschwörungstheorie. Es gibt sogar Bücher drüber! Annunaki-Echsen heißen die außerirdischen Reptilien und sie ernähren sich von Menschenfleisch- und Blut. Und wissen Sie, wer unter anderem noch alles eine Echse ist? George W. Bush, Kris Kristofferson, die Queen Elizabeth, Al Gore und: Barack Obama. Also wenn Sie Queen Elizabeth im Profil und bei schlechtem Licht ansehen – aber Kris Kristofferson? Lächerlich.

Wir unterhalten uns so nett mit Reiki-Reiner, dass ich ganz die Zeit vergesse, und plötzlich sind wir spät dran, aber vielleicht sieht man sich ja mal wieder, auf ein Bier – »Trinkst du denn Alkohol?«, frage ich.

»Nö«, grinst Reiner, »ich bin von Natur aus prall.«

Ach, wie sympathisch, denke ich, und da fällt mir etwas ein: »Was ist eigentlich, wenn dir jemand total unsympathisch ist? Legst du dem dann trotzdem die Hände auf?«

Aber da dämmert es mir schon und ich sage fast gleichzeitig mit Reiner: »Wenn, dann hieße das nur, dass ich in dieser Angelegenheit an mir arbeiten muss!«

Schweigen – Einfach mal die Klappe halten

Es gibt eine Sache, die schiebe ich schon die ganze Zeit vor mir her, in der Hoffnung, sie würde sich irgendwann in Luft auflösen. Wie das meistens bei solchen Sachen ist, passiert genau dies natürlich nicht. Es ist nämlich so: Seit ich mit großem Tamtam allen, die es interessiert (und auch allen anderen) meine Idee präsentiere, dem Sinn des Lebens im Drei-Punkte-Plan näherzukommen – wir erinnern uns:

1. Der geistige Weg: Geistige Erfüllung durch Spiritualität,
2. Der körperliche Weg: Das Finden der inneren Mitte,
3. Der seelische Weg: Innerer Frieden und Zufriedenheit,

seitdem bekomme ich zu hören: »Oh, cool. Da musst du auch unbedingt in ein Schweigekloster gehen!« Schweigekloster ist so etwas Ähnliches wie das Neue: »Das sieht auch zu Jeans gut aus«, das geht praktisch immer. Tatsächlich kenne ich niemanden persönlich, der das schon mal gemacht hätte – oder auch nur jemanden kennt, der das schon mal gemacht hat. Man hat nur das Gefühl, alle Welt ist permanent in Schweigeklöstern, weil dies anscheinend eins der Lieblingsthemen der seriösen Medien ist. (Man möchte es fast mit einem der Lieblingsthemen der nicht so seriösen Medien mischen und den Haufen C-Promis statt in den Dschungel zum Schweigen schicken.)

Jedenfalls habe ich es bis jetzt immer hinbekommen, unauffällig das Thema zu wechseln, sobald jemand das mit dem Schweigen vorgeschlagen hat:

»Du solltest unbedingt eine Woche Schweigekloster probieren!«

»Wo hast du eigentlich diese tollen Schuhe her?«

Es ist nämlich einfach so: Ich kann es mir überhaupt nicht vorstellen, eine ganze Woche lang die Klappe zu halten. Meine Mutter erzählt heute noch gerne die Geschichte, als sie mit mir im Wartezimmer des Kinderarztes saß und mich bat, bitte mal fünf Minuten still zu sein – und wie ihre vierjährige Tochter nach 30 Sekunden sagte: »Wenn ich nicht gleich etwas sage, platze ich.« Ich rede eben gern und bin nur dann still, wenn ich sehr traurig, sehr wütend oder sehr betrunken bin. Das ist im Allgemeinen ganz gut zu unterscheiden.

Außerdem: Warum sollte man, wenn man mit Kirche und Gott und Hostien gar nichts anfangen kann, ausgerechnet in ein Kloster gehen? Das ist ja, als würden Vegetarier zum Schweigen in der Wurstbraterei einkehren.

»Es gibt aber auch *Schweige-Retreats*, zum Beispiel in der Toskana oder in buddhistischen Meditationszentren, da wird ganz viel meditiert und Yoga gemacht«, schwärmt Anne, aber ich weiß genau, wie das wird: Sobald man nämlich etwas offiziell nicht tun darf, zum Beispiel reden, finde ich nichts verlockender auf der Welt, als genau dies zu tun. Und dann platze ich.

»Das geht nicht Anne, ich kann nirgendwohin zum Schweigen, das ist den Leuten nicht zuzumuten. Die schmeißen mich wahrscheinlich raus – so wie L. damals aus der Höhle in Australien.« [17]

Anne denkt nach. »Ja, stimmt«, gibt sie zu, »aber man kann das auch von zu Hause aus machen!«

Damit habe ich nun nicht gerechnet. »Aber dann, dann – erstickt mein Gaumen!«, versuche ich noch irgendeine Ausrede aus dem Ärmel zu ziehen, aber ich muss zugeben, es ist nicht die beste.

Anne hat mich schließlich noch mit allerhand »Du musst dich dem stellen, was du nicht kannst« und »Du wolltest doch neuen Erfahrungen gegenüber offener sein« etc. mürbe gemacht und jetzt ist es beschlossen: Es wird geschwiegen. Bequem, von zu Hause aus. Wie mein Home Office mache ich jetzt eben Home Silence. Eine Woche lang. Als ich Jana davon berichte, lacht sie fünf Minuten lang laut am Telefon. L. hingegen nimmt den Entschluss für meinen Geschmack eine Spur zu freudig auf.

Nachdem ich mich von allen telefonisch und stimmlich verabschiedet habe und alle wissen, dass ich eine Woche lang nur noch schriftlich mit ihnen kommunizieren werde, wird es mir klar: Dies ist mein letzter Tag mit Stimme, morgen geht es los. Als L. an diesem Abend nach Hause kommt, singe ich gerade ein Beatles-Medley.

---

[17] In Australien haben L. und ich eine stockdunkle heilige Höhle der Aborigines besucht. Es war eine kleine Gruppe unter Führung eines engagierten, jungen Aborigine und einmal drinnen, sollten wir uns in einen Kreis setzen und schweigen, um die Höhle auf uns wirken zu lassen. Auf L. wirkte aber schon seit dem Morgen die Fleischpastete, die er tags zuvor am Straßenrand erstanden hatte, und was soll ich sagen: Mitten in die stumme Andacht tönte es in der Dunkelheit plötzlich PRÖÖÖÖT! und die größte Blähung der Welt hatte sich ihren Weg nach draußen gesucht. Danach folgte eine Stille, die stiller war als alles Schweigen der Welt, und nach einer Minute brachen L. und ein anderer aus der Gruppe in brüllendes Lachen aus. Der Führer schmiss die beiden aus der Höhle und ich tat den Rest des Tages so, als wäre dieser L. ein mir völlig Unbekannter.

»Du gibst noch mal alles, was?«, begrüßt er mich grinsend. Er weiß, wie schwer mir die nächste Woche fallen wird.

Guten Morgen! Kaffee?, schreibe ich am nächsten Morgen auf meinen Block, den ich extra auf dem Nachttisch deponiert habe. L. lächelt und nickt und so still war es noch nie in der Früh. Während L. in der Küche mit der Kaffeemaschine hantiert, habe ich Gott sei Dank genügend Zeit, den Traum von letzter Nacht in groben Zügen zu Papier zu bringen. »Was mit Kätzchen?«, fragt L., als wir mit den Tassen im Bett sitzen und ich ihm den Block reiche. Später, als er die Tür hinter sich zuzieht, höre ich seine Schritte auf der Treppe und dann erst mal – nichts. Es ist ruhig. Das ist es zwar an anderen Morgen auch, aber da höre ich nicht so genau hin.

Im Auto auf dem Weg zur Agentur läuft das Radio und das macht mich ein bisschen wütend, was aber weniger an den Bee Gees liegt, sondern daran, dass dort alle reden dürfen was das Zeug hält. Als mich ein roter Golf schneidet, rutscht mir beinahe ein Fluch raus – ist Knurren, Grummeln und Seufzen eigentlich erlaubt? Und wie sieht es mit Niesen aus? So etwas wie: Ha-Haa-Haatschiii bieg schon ab! Aber ich weiß die Antwort schon.

In der Agentur ist, wie immer, ein hektisches Gewusel. Man könnte meinen, Werbeagenturen sind eine Auffangstation für Verhaltensauffällige. Weil ich nur hin und wieder vorbeikomme, wenn ein neues Projekt startet und ansonsten von zu Hause aus arbeite, besteht ein Großteil meines Aufenthalts dort aus einem Gespräch mit meiner Kollegin Eva Drösel, wir nennen das »Meeting«. Danach wird noch das neue Projekt vorgestellt und ich fahre wieder nach Hause. Heute muss ich der Drösel leider den Zettel vor die Nase halten, den ich zu Hause vorbereitet habe:

Ich will eine Woche lang schweigen.

Bin nicht bekloppt, es ist ein Experiment.

Eva Drösel zieht ein langes Gesicht. »Ach Menno«, und vergisst kurz darauf, dass ich ja nicht sprechen darf: »Und warum?«

Ich sehe sie mit großen Augen an und sie sieht mit ebenso großen Augen zurück. Bis es schnackelt: »Ach so, klar, du darfst ja nichts sagen. So ein Mist«, findet sie noch und wir dackeln zusammen in den großen Raum aus Glas, wo die Projekte vorgestellt werden.

Es ist der erste Tag, an dem ich nichts sage, und bereits innerhalb dieser kurzen Zeit messe ich dem gesprochenen Wort mehr Gewicht bei: Ich kann es nicht glauben, dass wir uns hier alle Sätze anhören, die ungefähr so gehen:

»Wir müssen vom Must-have zum One-have!« oder »Damit sollten wir die Benchmark improven!« Vielleicht ist die Fallhöhe nicht ganz so groß, wenn ein Reiki-Großmeister eine Woche lang schweigt. Beim Mittagessen mit den Kollegen ist mein Schweigen anfangs noch eine große Nummer, ich versuche mit Stift und Block auf die Frage nach dem Warum für mein Schweigen zu antworten, aber bis ich fertig bin mit Schreiben, ist die Frage schon vergessen. Nachdem alle mindestens einmal versucht haben, mir ein Wort zu entlocken:

- »Willst du Brot?«
- »Jemand ein Eis?«
- »Wer Überstunden machen will, sagt jetzt mal nichts!«

wird es still um mich.

Nach einiger Zeit ist es, als säße ich gar nicht mehr dabei. Die Dröselin lächelt mich noch manchmal an, aber sonst finde ich nicht mehr statt. Klar, was wollen sie denn auch mit mir Stockfisch? *Scheißspiel*, denke ich.

Am Abend bin ich immer noch ein bisschen unleidlich, bis jetzt ist diese Schweigerei eher ärgerlich als irgendetwas anderes.

Vielleicht, wenn ich doch in ein Kloster gegangen wäre ... dann müssten mich jetzt wildfremde Menschen aushalten und nicht der arme L.

Das lieb gewonnene Ritual, dass L. kocht und ich mit einem Glas Wein auf der Arbeitsplatte sitze, schlaue Kommentare abgebe und wir uns unseren Tag erzählen, fällt leider flach. Es ist auch lediglich einem reinen Reflex zuzuschreiben, dass ich ans Telefon gehe. Für den Anrufer am anderen Ende der Leitung ist so ein Nicht-Gespräch nämlich wahnsinnig frustrierend. Handelt es sich bei dem Anrufer um die eigene Mutter und hat man leider vergessen, sie in das Vorhaben einzuweihen, muss man den Liebsten ans Telefon holen, der ihr das erklärt und einem »Schöne Grüße und du spinnst wohl«, ausrichtet.

Wir essen schweigend – was seit dem legendären Streit von 2003 nicht mehr passiert ist, und als wir fertig sind, schnappe ich mir Zettel und Stift.

Wie war dein Tag?, schreibe ich und schiebe den Block über den Tisch.

L. überlegt. Wenn man den ganzen Mist aufschreiben muss, den man normalerweise so dahinplappert, überlegt man sich dreimal, was wirklich wert ist, aufgeschrieben zu werden.

Okay, schreibt L. Vier Buchstaben reichen manchmal aus, um einen Tag zu beschreiben.

Am nächsten Tag fahre ich mit dem Auto zum Großeinkauf, das Radio schalte ich aus. Ein Knalldepp schnappt mir einen Parkplatz direkt vor dem Eingang weg und ich rolle mit den Augen, aber ich verfluche ihn nicht, weder ihn noch sein Auto oder seine Familie bis in die dritte Generation. Komisch.

Wie war dein Tag?, schreibe ich auch an diesem Tag wieder auf meinen Block und L. lächelt und schreibt zurück: *Ich will kündigen.*

Waaas?, sage ich – fast. Es ist zumindest das, was ich sagen will. Das ist der Moment, in dem ich das Schweigen brechen will – so etwas muss schließlich diskutiert werden! *Warum?*, kritzle ich aufgeregt. L. runzelt die Stirn und antwortet:

Nagellacktrends, Flechtfrisuren, Liebeshoroskope.

Inzwischen weiß ich, dass L., wenn er schreibt *Ich will kündigen* auch tatsächlich meint, dass er kündigen will. Er sagt das nicht einmal die Woche, regt sich furchtbar auf dabei und meint in Wahrheit *Ich will mit dir über meine Arbeitskollegen lästern*, so, wie ich das kenne.

Nein, es ist klar: L. ist einfach keine zweite Sarah Jessica Parker. Dass das mit dem Frauenmagazin nichts auf Dauer ist, war eigentlich von Anfang an klar. Ohne sein Gehalt wird es zwar ein bisschen knapp, aber er wird schon etwas Neues finden – Schade nur um die Pröbchen, die er Tütenweise mit nach Hause brachte.

Gut, schreibe ich zurück, und damit ist eigentlich alles gesagt.

Je mehr ich die Klappe halte, desto überflüssiger erscheinen mir auch die meisten Unterhaltungen um mich herum und das Schlimmste ist: Ich höre zu. Wer nicht spricht, ist zum Zuhören verdonnert, und so höre ich, wie »*niemand hatte Wechselgeld und dann musste ich in den dm und etwas kaufen, weil die Kassiererin sonst nicht wechseln wollte …*« und dass »*beim Bäcker hatten sie dann die Butterbrezen nicht, also ich so: Wann gibt es die wieder? und die Verkäuferin so: Heute Nachmittag! Aber wann genau? Ich sage dir, das ist denen scheißegal, ob die Kunden verlieren …!*« Wäre das schön, wenn alle anderen auch mal die Klappe halten würden.

Vor einem ganz neuen Problem stehe ich anderntags, nämlich vor meinem Nachbarn. Der Nachbar stellt mich des Öfteren vor die knifflige Aufgabe, ihn nicht einfach bei nächster Gelegenheit zu überfahren. Wenn ich nur den stehen sehe, denke ich mir: *Komm, tu ihm schnell den Gefallen und fahr schnell drüber.*

Und was das Fass voll macht: Er hasst unseren Hund. Ich verstehe, wenn man dem Hund nicht uneingeschränkt mit Sympathie begegnet und ganz ehrlich, wenn der Schmitz-Hund mit großem Stolz meine getragene Wäsche aus dem Wäschekorb ins Wohnzimmer trägt, dann begegne selbst ich ihm nicht mit Sympathie. Ich verstehe auch, wenn man generell Hunde nicht so dufte findet: Haare, Sabber, dreckige Hundepfoten, mal gebissen worden, das muss man nicht toll finden.

Der Nachbar jedoch ist der Überzeugung, dass diese Welt eine bessere wäre, gäbe es speziell unseren Schmitz nicht. Schmitz ist angeblich schuld an geknickten Blümchen, komischen Flecken auf dem Rasen, toten Vögeln im Hauseingang und vermutlich auch am Nahostkonflikt. Schmitz wiederum ist der Überzeugung, dass diese Welt eine bessere wäre, gäbe es den Nachbarn nicht, weshalb er ihn (und nur ihn) leidenschaftlich ankläfft, wenn wir uns sehen. Ich schimpfe dann auch pflichtschuldig ein bisschen, innerlich jedoch wedle ich für Schmitz mit Pompons wie ein durchgeknallter Cheerleader.

Der Nachbar stellt sich mir also in den Weg und bezichtigt Schmitz diesmal der Verunreinigung des Gehweges – was natürlich nicht stimmt, denn ich bin überaus aufmerksam, was dies betrifft. Während er nun wütet, dass es »so ja wohl nicht geht« und er »nicht tatenlos zusieht«, kann ich machen: nix. Normalerweise verteidige ich den Hund und mich, rege mich angemessen auf ob der Ungerechtigkeit, und so steigern wir uns in einen schönen Zwist hinein, der Nachbar und ich. Jetzt geht das nicht. Ich werde nur kurz sauer, dann, nachdem ich nichts sagen kann, sehe ich ihm einfach nur zu. Der Ärger weicht der Verwunderung: Wie rot diese Adern auf seiner Nase sind – und warum er wohl Hunde nicht leiden kann oder mag er uns nicht? Haben wir ihm etwas getan? Der Nachbar redet immer noch und ich stehe nur da und weiß nicht, wie ich den Absprung schaffe. Plötzlich passiert etwas mit dem Nachbarn: Er wird leiser! Und langsamer! Sein Wortschwall läuft langsam, aber sicher aus wie eine Welle am Strand. Dadurch, dass ich seinem Wind kein Segel biete, hat er ins Leere gepfiffen. Jetzt ist der Nachbar verunsichert und sieht mich an, auch er sagt kein Wort.

Wenn man aus dem Rausch der Aggression wieder zur Besinnung kommt, ist man ja oftmals etwas peinlich berührt und auch der Nachbar wirft nun lauter kurze Blicke in alle Richtungen und räuspert sich. »Also, ich wollte ja nur sagen«, höre ich ihn nun mit belegter Stimme, »dass das nicht schön ist.« Da bin ich ja ganz einer Meinung mit ihm und nicke. Das richtet ihn wieder etwas auf und er lächelt vorsichtig. »Auf Wiedersehen, Frau, äh, Reinwarth«, verabschiedet er sich und dackelt davon. Ich bin verdutzt: Das ist das erste Mal, dass er meinen Namen ausgesprochen hat. Sonst war ich immer *»Hey, Sie da!«*.

Ein altes Sprichwort lautet: Wie man in den Wald hineinruft, so hallt es auch wieder heraus. Wenn aber nun der Wald gar nicht reagiert? Verliert dann nicht auch das Rufen seinen Sinn? Der Nachbar verschwindet um die Ecke und ich muss an die Worte von Reiki-Reiner denken: *Wenn ich mich ärgern würde, dann hieße das nur, dass ich in dieser Angelegenheit an mir arbeiten muss … .*

Ich fühle mich fast ein bisschen Om. Ausgerechnet wegen meinem arschnasigen Nachbarn – unfassbar.

Für den Tag, ab dem ich wieder reden darf, hatte ich mir vorgestellt, dass in dem Moment, in dem ich den Mund aufmache – also kennen Sie das, wenn man einen Luftballon aufbläst, und wenn man ihn ganz aufgeblasen hat und nur noch den Knoten machen muss, und ihn dann aus Versehen loslässt? So hatte ich mir das vorgestellt. Dass ich vor lauter Rückstoß meines eigenen Wortschwalls durch die Wohnung pfitsche wie so ein Luftballon. Tatsächlich jedoch wache ich an dem Tag auf und bleibe ganz ruhig im Bett liegen, als ich zu L. »Guten Morgen« sage. Es ist schön, das wieder sagen zu können – aber ein großes Redebedürfnis habe ich nicht. Im Gegenteil, die Stille macht mich so schön ruhig, dass ich sie nicht zerstören mag.

Eine knappe Stunde später klingelt das Telefon, Jana ist dran und innerhalb weniger Minuten ist es, als hätte es diese Woche nie gegeben.

DER SEELISCHE WEG:
INNERER FRIEDEN UND ZUFRIEDENHEIT

Als ich Jana und Anne am Tresen des Café Einstein von Reiki-Reiner erzähle, habe ich immer noch so ein leicht bescheuertes Grinsen auf. »Das war echt beeindruckend, wie die Füße plötzlich heiß geworden sind – ganz ohne dass ich wusste, dass L. da sitzt!« Anne ist begeistert, Jana nickt langsam und stochert in ihrem Mai Tai: »Schon«, sagt sie, gibt aber zu bedenken: »Heiße Füße sind wirklich toll, besonders im Winter, aber – was macht man damit? So im Alltag?« Das weiß ich nun auch nicht.

»Wir rekapitulieren«, sagt Jana: »Der geistige Weg«, ich nicke. »Der körperliche Weg«, zählt sie auf und hält zwei Finger in die Luft. »Jepp«, stimme ich zu, und sie hält den dritten Finger in die Höhe: »Fehlt noch der seelische Weg – *Innerer Frieden und Zufriedenheit*.«

»Genau«, freue ich mich, »die drei goldenen Wege!«

»Noch drei Mai Tai?«, vermutet Tom, der Barkeeper, der wie immer mit einem halben Ohr zuhört.

»Also«, werfe ich in die Runde, »wie kommt man denn zu seelischem Frieden? Zu Gelassenheit? Gleichmut? Zufriedenheit?« »Alkohol!«, mischt sich der Barkeeper-Tom ein, und hat damit bestimmt auch recht, aber irgendwie anders.

Mit einem Ergebnis von drei (Anne, Jana und ich) zu eins (Tom) kommen wir zu dem Schluss, dass man sich für den inneren

Frieden der Dinge annehmen sollte, die man als »unerledigt« im Hinterkopf mitschleppt. Je mehr Ballast wir abschmeißen, desto leichter werden wir, so die Idee. Und dabei fällt mir sofort ein Ballast ein: Fritz.

DIE VERPASSTE LIEBE TREFFEN

Damit das klar ist: Ich liebe L. Ich finde ihn super und er ist mein absoluter Lieblingsmensch – auch wenn ich ihn manchmal auf den Mond schießen könnte. Aber das Mondschießen steht zur Liebe in einem guten Verhältnis, insofern habe ich es gut getroffen, finde ich. Bevor ich L. begegnet bin, verschob sich dieses Verhältnis zuungunsten der Liebe immer ziemlich drastisch, bis meist nur noch Mondschießen übrig blieb. Manchmal ging das langsam, manchmal blitzartig und – hast du nicht gesehen? – musste man schon wieder zum Friseur, die Wohnung streichen oder was eben nötig war, um nicht im Tränenmeer zu ertrinken. Apropos trinken: Das gehörte natürlich auch dazu.

Seit L. Teil meines Lebens ist, habe ich den Rat von Eckart von Hirschhausen befolgt, der die Partnersuche mit einem Besuch im Restaurant vergleicht: die Speisekarte durchblättern, sich einen Überblick verschaffen, was es gibt, und das Nächste nehmen, was einem gefällt – fertig. Danach klappt man die Karte zu und beschäftigt sich nicht weiter damit, was es noch gegeben hätte und was man eventuell verpasst.[18]

Nachdem ich die Speisekarte des Restaurants schloss, wurde alles leichter. Es fällt einfach ganz viel Stress weg, wenn man dieses Kapitel schließt. Der ist es jetzt und basta, habe ich mir gesagt, ihn beglückwünscht und daran hat sich bis heute nichts geändert. Dem kommt entgegen, dass die Männer, die ich so kennenlerne, mir zwar ein Bier ausgeben, aber L. einfach nicht das Wasser

---

[18] Sinngemäß aus: Eckart von Hirschhausen, *Glück kommt selten allein*, ISBN 978-3499624841

reichen können. Im Gegenteil, wenn mir eine Bar-Bekanntschaft in der Kneipe erzählt, wie aufregend sein Leben als Student mal war, ertappe ich mich oft dabei, wie ich mir überlege, wie viele Salzstangen wohl in seinen Mund passen.

Ein Problem an der ganzen Partnersuche ist mit Sicherheit die unermessliche Auswahl, die Speisekarte ist einfach zu groß. Das ist ein bisschen so wie im Supermarkt vor dem Marmeladenregal: eigentlich will man nur eine leckere, normale Himbeermarmelade, und dann steht man vor drei Metern Regal voller Himbeermarmeladengläsern: Nimmt man nun die mit dem Bio-Siegel oder lieber die mit den Stückchen drin? Die mit dem hübschen Etikett wäre auch toll, aber die ist eben nicht Bio, und dann gibt es noch die Markenmarmelade und eine, die besonders günstig ist – von der ist leider die Verpackung scheußlich, und so geht das immer weiter. Da investiert man dann viel zu viel Zeit in das Studium und die Auswahl und am Ende hat man das bestausgewählte Glas zu Hause und dann schmeckt es einfach eben doch bloß nach: genau, Himbeermarmelade.

Gut, in diesem Fall zerbricht man sich selten den Kopf, was gewesen wäre, hätte man nun doch eine andere Marmelade genommen, aber genau das passiert uns im richtigen Leben mit der Liebe. Da steht man irgendwann zu Hause neben der Waschmaschine, sammelt zum hundertsten Mal die dreckigen Socken auf, die der Liebste IMMER NEBEN DEN WÄSCHEKORB SCHMEIßT, STATT HINEIN, denkt an gestern Abend, als er wieder mit offenem Mund vor dem Fernseher eingeschlafen ist – und überhaupt: Hat er nicht ziemlich zugenommen in letzter Zeit? – Und in dem Moment kommt zufällig im Radio dieses eine Lied: Das Lied, das einen an IHN erinnert. Welcher ER das sein soll? Tun Sie nicht so, es gibt immer einen.

Dabei kann es sich um einen Ex handeln, der einem auf irgendeine Art das Herz gebrochen hat, einen Arbeitskollegen, der überhaupt nichts von seinem Glück weiß, oder um den One-Night-Stand vor ein paar Jahren, der plötzlich wieder aus unserem Leben verschwunden ist. Reisende soll man nicht aufhalten, heißt es, aber das impliziert ja nicht, dass man sich selbst in der Funktion als Provinzbahnhof wohlfühlen muss. Es ist vollkommen egal, wie lange es dauerte, ebenso tun die Gründe nichts zur Sache, warum aus der Chose nichts geworden ist: Derjenige lebt in einem versteckten Winkel in unserem Hinterhirn (oder Hinterherz) weiter und hin und wieder, wenn wir sehr betrunken sind oder sehr unzufrieden oder sehr unglücklich oder wenn wir ein bestimmtes Lied hören oder SEIN Rasierwasser an unserer Nase vorbeischwebt: dann ist er wieder da. So real und präsent wie die dreckigen Socken neben der Waschmaschine.

Bei Jana ist ER ein Student aus Argentinien, der für ein Semester nach Deutschland kam. Keine Ahnung, ob er die Münchner Uni auch nur einmal von innen gesehen hat, dafür erhielt er eine recht anschauliche Einführung in die Sitten und Gebräuche hierzulande, im Besonderen was Frauen betrifft und im ganz Besonderen was Jana betrifft. Die war derart verliebt, dass es an der Grenze des zumutbaren war – wir sahen sie nur noch von der Seite, ihr Blick war permanent auf den flotten Argentinier neben ihr gerichtet. Aber ihre Seite sah sehr glücklich aus, deswegen freuten wir uns alle für sie. Dass er irgendwann wieder nach Argentinien zurückmusste, darüber wollte Jana weder sprechen noch nachdenken und erst unmittelbar vor seiner Abreise gestanden sie einander, was sie sich von der Zukunft erwarteten: Jana wollte, dass er hierblieb oder sie mit ihm nach Argentinien ging – er hingegen wollte, dass Jana hierblieb und er allein nach Argentinien ging, und so kam es dann auch. Das Ganze ist inzwischen Jahre her und sie ist darüber hinweg, aber nur solange nirgends ein Tango erklingt.

Anne hingegen bekommt diesen verträumten Blick, wenn ihr der Duft – sagen wir der *Geruch* – von Patschuli in die Nase steigt. Ein Glück, dass wir nicht die 80er-Jahre haben, da wäre sie aus dem verträumten Gucken nicht mehr rausgekommen. Der Patschuli-Geruch ist in Annes Stirnhöhlen fest verbunden mit einem Kellner des Padenco, einer schummrigen Alternativ-Kneipe mit unverhältnismäßig vielen Jungs in Che-Guevara-T-Shirts. Überflüssig zu sagen, dass wir uns (ebenfalls unverhältnismäßig) oft im Padenco aufhielten. Ihr *Patschulino* (nicht meine Idee, der Kosename, nicht meine Idee) war überaus reizend, strahlte uns an, fragte, wie es so geht, und flirtete mit Anne, was das Zeug hielt, aber über ein paar Runden ausgegebenen Schlehenschnaps ging die Beziehung nicht hinaus. »Er will es eben langsam angehen lassen«, meinte Anne fröhlich und dann war er eines Tages einfach verschwunden. »Der arbeitet hier nicht mehr«, hieß es lapidar, wo er jetzt sei, wisse man nicht, und Anne konnte sich das nicht erklären – warum hatte er ihr nicht Bescheid gesagt? Nachdem wir alle naheliegenden Gründe ausgeschlossen hatten:

- Er hat Bindungsangst,
- er liegt auf der Intensivstation und kann Anne nicht kontaktieren,
- er ist im Nebenjob Spiderman und hat bis jetzt eben keine Zeit gehabt, Anne zu kontaktieren,

musste sich Anne mit der Tatsache anfreunden, dass er vielleicht nicht so sehr interessiert war, wie sie sich das vorgestellt hatte. »Und all der Schlehenschnaps hatte nichts zu bedeuten?«, heulte sie in meine Arme, und das haben wir aus der Situation gelernt: Ein Schlehenschnaps heißt noch gar nichts.

Anne fand sich dann lieber nicht mit der Tatsache ab, und so zogen wir durch die Kneipen der Stadt, um ihn zu finden, aber er blieb verschwunden. Kein Mensch weiß, wo er steckt, und nicht mal mehr die Telefonnummer, die uns sein Kollege aus dem Padenco zusteckte, gab es noch. Ein Rätsel. Seitdem nickt Anne immer so leicht mitleidig mit dem Kopf, wenn sie im Fernsehen einen Krimi sieht, bei dem jemand entführt wurde und die Angehörigen irgendwann einfach nur Gewissheit haben wollen, ob derjenige noch lebt oder nicht.

Jedenfalls ist es nun so, dass der Schlehen-Schnuffi für alle Träume von Anne herhalten muss und wenn man ihr ins Gedächtnis ruft: »Anne, du weißt nicht, wie es gewesen wäre, ihr wart nicht zusammen!«, sagt sie immer: »Ja, aber WENN, dann ...«

Genau dieses WENN ist es, was einen nicht loslässt.

Mein *Was-wäre-wenn* heißt Fritz. Fritz tauchte damals plötzlich in der Stadt auf und verdrehte allen Frauen, mir eingeschlossen, den Kopf. Kennen Sie das, wenn man im Vorbeigehen einen Blick auffängt, der plötzlich den *Oh-Gott-der-ist-es-Alarm* auslöst? Genau so war das. Fritz sah aus wie eine Mischung aus Kurt Cobain und Brad Pitt in *Interview mit einem Vampir*, ihm blitzte der Schalk aus den Augen und er konnte eine Augenbraue hochziehen. Sein Lachen war umwerfend, sein Style gekonnt lässig und das Beste: Er war saukomisch. Saukomisch im Sinne von *wir lachten viel zusammen*, nicht im Sinne von *er dachte, es wächst ihm eine Kathedrale aus dem Kopf* oder so. Er redete gern und viel, über die große Liebe, das Leben und alles andere, man konnte spätnächtliche alkohollastige Küchenpsychologie-Gespräche mit ihm führen und – komme ich ins Schwärmen? Habe ich schon erwähnt, dass der Sex unglaublich war?

Der einzige, winzig kleine Haken an Fritz war: Er nahm die ganze Sache mit uns nicht ernst. Alles war luftig und leicht und lustig, aber es war nur ein kleiner Teil seines Lebens, an dem ich teilnehmen durfte, die restlichen Welten blieben mir verschlossen: Ich kannte seine Freunde nicht und auch nicht seine Eltern, ich hatte keine Ahnung, wie sein Arbeitsplatz aussieht und wo er zuvor gewohnt hatte.

Wie ein Schmetterling kam er in mein Leben geflattert, sah sich um, flatterte alles ab und es war klar: Auch wenn er sich kurz niederlässt, Schmetterlinge bleiben nicht. Ich konnte tun, was ich wollte, so ganz gehörte er mir nie, und vielleicht war es auch das, was ihn so faszinierend machte. Gemeinsam mit allen Frauen, die einem unnahbaren Typen hinterherhimmelten, hoffte ich, dass sich das eines Tages änderte und er mir bis ans Ende seiner Tage verfallen würde.

Was er natürlich nicht tat.

Im Gegenteil. Eines schönen Tages flog er einfach davon, so leicht, wie er gekommen war, die ganzen kitschigen Liebeslieder aus dem Radio machten plötzlich Sinn und ich liebte ihn einfach weiter. Er hingegen liebte einfach andere Frauen weiter, verließ die Stadt und ward nie mehr gesehen.

Entgegen meiner Erwartung starb ich nicht an gebrochenem Herzen, sondern atmete weiter, das Herz schlug weiter und irgendwann war es nicht mehr so schlimm, dass ich es nicht aushalten konnte, sondern nur noch sehr schlimm und dann schlimm und schließlich blieb nur ein wehes Ziehen im Bauch, und das war auszuhalten.

Nach einiger Zeit wurde mir klar, dass es etwas unglaublich Positives an der ganzen Sache gab, nämlich die Erkenntnis, dass ich zu so etwas Grandiosem überhaupt fähig war. Ich hatte die ja schließlich selbst gemacht, diese ganzen großartigen Gefühle, und wenn mir das einmal gelungen war, dann würde es mir unter Umständen, eventuell, wieder gelingen. Als ich schließlich L. kennenlernte, bestätigte sich diese Vermutung. Glück gehabt.

Spielen sie im Radio aber DAS Lied oder fällt mir ein altes Foto in die Hände, dann gibt es auch in meinem Hinterhirn einen versteckten Winkel, in dem ich mir die Frage stelle: Wie es ihm wohl geht? Ob er mal an mich denkt? Was wäre gewesen, wenn … ? Auf meinem Weg zum seelischen Frieden muss ich mir diese Fragen unbedingt beantworten, denn dieses sehnsüchtige Ziehen im Bauch, das habe ich immer noch manchmal.

»Okay«, sagt L., als ich ihm von meinem Vorhaben erzähle. »Okay? Wie, okay?« Ich weiß, dass L. nicht besonders eifersüchtig ist, aber mit einem Hauch Skepsis hatte ich schon gerechnet, schließlich habe ich ihm gerade erzählt, dass ich mein Trauma wiedersehen will.

»Du hast doch gesagt, ich muss mir keine Sorgen machen!«, argumentiert L. und wickelt gelassen ein paar Spaghetti auf seine Gabel. »Ja«, gebe ich zu und mit großen Augen sieht L. mich an: »Warum sollte ich mir dann Sorgen machen?«

»Weil, weil ... weil ich dir die Pest an den Hals wünschen würde umgekehrt!«, bricht es aus mir heraus, aber L. grinst bloß. »Du bist ja auch ein *notorischer Neinsager, Skeptiker und Kontrollfreak* erinnert er mich.

Manchmal kann ich ihn echt nicht leiden.

»Okay«, sagt auch Sven am nächsten Tag, als ich ihm von meinem Vorhaben erzähle. Sven ist der einzige Mensch, der weiß, wo sich mein Trauma gerade aufhält und wie man ihn erreichen kann. Sven wiederum ist ganz gut zu erreichen, weil er einen Kopierladen in der Stadt betreibt, direkt neben einem netten Café mit Bierbänken vor der Türe, auf denen er immer sitzt, wenn im Laden nicht viel los ist. Sven weiß nicht nur, wo sich Fritz aufhält, Sven weiß auch sonst alles, Sven ist die NSA dieser Stadt. »Ich schicke dir die Kontaktdaten, sagt Sven und zieht sein Handy aus der Tasche. *Das geht mir viel zu reibungslos*, denke ich. Es wäre der Wichtigkeit des Ereignisses angemessen, wenn es tagelange Recherchen bräuchte und eine weite Reise, um das Trauma zu treffen. Es passt nicht zum Wesen von Traumen, dass man sie einfach jederzeit per Telefon erreichen kann – oder dass sie in einem Ort wohnen, der *Schweinfurt* heißt.

»Schweinfurt?«, frage ich Sven, während ich auf mein Handy starre, wo gerade die Kontaktdaten eingetrudelt sind. Ich hatte mit Paris-Kopenhagen-Barcelona-New York gerechnet, etwas in der Richtung. »Schweinfurt?«, frage ich noch mal und Sven zuckt mit den Schultern. »Na, da wohnt er halt, warum?«

Ja, warum – da wohnen ja schließlich auch Leute. Wenn Sie aber hören würden, dass sich, sagen wir, Johnny Depp in Bad Bramstedt niedergelassen hat, würden Sie auch »Bad Bramstedt?« sagen. Fritz ist nicht mit Johnny Depp zu vergleichen, meinen Sie? Tja, ICH finde schon, das ist ja das Problem.

Noch am gleichen Abend sitzen mein Plan, das Handy und ich Jana und Anne an einem Tisch im Bella Napoli gegenüber. »Das ist nicht dein Ernst!«, sagt Jana und auch Anne runzelt die Stirn, als ich ihnen erzähle, was ich vorhabe.

»Nach allem, was wir durchgemacht haben und trotz L. willst du DEN wiedersehen?« Jana beugt sich über den Tisch und ich weiche etwas zurück. Dass sie auf die Neuigkeiten mit lebhafter Abneigung reagiert, kann ich ihr nicht übel nehmen: schließlich waren es die beiden, die in der Post-Fritz-Zeit dafür sorgten, dass ich mich nicht in einer unschönen Wolke aus Liebeskummer und Selbstmitleid auflöste. Ich hatte damals nichts zu lachen und Jana und Anne auch nicht. Seitdem weiß ich, dass es auf dieser Welt zwei Menschen gibt, die ich mitten in der Nacht von einem entlegenen Teil der Welt anrufen kann mit der Bitte: »Komm!«, und die nicht als Eerstes fragen: »Warum?«, sondern lediglich: »Wohin?«, und das ist ein wirklich großartiges Gefühl. Großartige Damen eben.

»Ob das dein Ernst ist, frage ich!«, insistiert die großartige Jana. »Oh Mann, der olle Klappspaten wieder«, verdreht derweilen Anne die Augen, die als eine der wenigen nicht in Fritz verknallt war. »Ich will ihn doch nicht zurück oder so etwas«, versuche ich mich zu verteidigen, »ich muss ihn nur – abhaken!«

Resigniert stützt Jana ihren Kopf in die Hände: »Können wir für deinen Seelenfrieden nicht was anderes machen? Etwas, das nicht so kompliziert ist? Zum Beispiel den Nahostkonflikt lösen?« Erleichtert lächle ich sie an. »Wenn du wieder Späße machst, weiß ich, dass du mir nicht böse bist.«

»Das war kein Spaß«, antwortet Jana.

Entgegen allem Anschein zeigen die Damen aber dennoch Verständnis. Schließlich wissen wir alle drei, dass es lediglich daran liegt, dass der Kellner verschwunden und Argentinien so unüberschaubar ist, warum wir nicht nach diesen beiden suchen.

»Und was sagt L. dazu?«, erkundigt sich Anne und schenkt uns allen einen großen Schluck Wein nach. »Ach, der macht sich da gar keine Sorgen«, wehre ich ab und Anne legt den Kopf schief und fragt etwas leiser: »Und er muss sich auch gar keine machen?«

»Nein«, sage ich bestimmt und dann auch etwas leiser: »Ich glaube nicht«, und kurz ist es sehr still am Tisch.

»Wie willst du das überhaupt anstellen?«, räuspert sich Jana. »Rufst du an und machst etwas mit ihm aus?« Das kann ich mir nun gar nicht vorstellen. Vermutlich brächte ich kein Wort raus. »Eine SMS? Eine Mail?«, schlägt Anne vor, aber nein, das ist es alles nicht. »Ich würde ihn erst mal nur gerne sehen. Ohne dass er mich sieht und ich alles erklären muss«, überlege ich.

»Also dann«, sagt Jana und macht eine ausholende Bewegung, »dann musst du dich schon in Schweinfurt vor seiner Haustür verstecken«, was mir ein Lachen entlockt: »Also echt, vor der Haustür verstecken! Am besten noch in einem Auto und mit einer Zeitung vor der Nase, was? Wie bescheuert ist das denn?«

Am darauffolgenden Samstag sitzen wir zu dritt in Annes Auto vor der Hellersgasse 10 in Schweinfurt. »Bescheuert, das ist einfach bescheuert«, murmle ich vor mich hin. Anne, die auf dem Fahrersitz sitzt, hat sogar eine Zeitung dabei. »Vorsichtshalber.« Es ist elf Uhr vormittags und unsere »Operation Klappspaten«, wie Anne sie nennt, hat sich um drei Stunden verzögert, weil unsere Superagentin Jana verschlafen hat. »Und was machen wir, wenn er nicht auftaucht?«, raunzt sie von der Hinterbank, »haben wir uns das überlegt?«

»Nein«, antworte ich, und gebannt sehen wir weiter auf die braune Holztür mit dem Messingknopf auf der anderen Straßenseite. Durchaus möglich, dass wir ihn nicht zu Gesicht bekommen, denke ich, Fritz konnte auch gut drei Tage gar nicht das Haus verlassen – andererseits: Wenn er etwas unternehmen wollte, dann war Samstagvormittag kein schlechter Zeitpunkt. »Hast du L. jetzt eigentlich erzählt, was wir hier machen?«, erkundigt sich Anne mit leiser Stimme, ohne die Tür aus dem Blick zu lassen. Das ist gut, dann sieht sie auch nicht, dass ich rot werde.

»Na ja, er weiß, dass wir hier sind«, weiche ich aus, um nicht erzählen zu müssen, dass ich L. ein klitzekleines Detail verschwiegen habe: Er weiß nicht, dass wir auf der Lauer liegen, sondern geht von einem normalen Treffen aus.

»Er weiß nicht, dass wir auf der Lauer liegen, was?«, trifft Jana den Nagel auf den Kopf. »Nein«, gebe ich kleinlaut zu und noch während mein Fusselhirn nach einer einigermaßen vernünftigen Erklärung fahndet, warum das so ist, erstarrt Anne auf ihrem Sitz und zischt: »Pscht, still, ist er das?«

Wir starren auf die Gestalt, die mit einer Hand an dem Schloss der Haustür rumnestelt und eine Mülltüte in der anderen trägt. »Das ist nur der Rücken«, beschwert sich Jana flüsternd, aber ich erkenne ihn sofort. »Das ist er«, flüstere ich und mein warmer Atem malt einen Kreis aus Nebel auf die Innenseite des Fensters.

Machen wir es nicht spannender, als es ist: Fritz funktioniert nicht mehr. Also er ist vollkommen gesund und lebendig und bei Sinnen (nehme ich an), aber für mich funktioniert er nicht mehr. Der Typ, der dort an der Tür stand, war zwar hundertprozentig der Mann, den ich meinte, aber er war nicht DAS, was ich meinte. Er war nicht wahnsinnig dick geworden und trug keinen Bademantel und Schlappen oder etwas in der Art, aber er sah nicht mehr aus wie eine Mischung aus Kurt Cobain und Brad Pitt, sondern nur wie ein Typ, der gerade den Müll runterbringt. Als hätte man ihn ausgeknipst.

Auf der Heimfahrt wurde erst ab Höhe Nürnberg wieder gesprochen. Jana und Anne dachten an ihre Traumprinzen und ob es sich mit ihnen genauso verhalten hätte, und ich dachte daran, dass ich jahrelang aus diesem Mann in der Hellersgasse 10 in Schweinfurt einen goldenen Prinzen gemacht hatte. Ich Depp.

Als wir in meine Straße einbiegen, sehe ich vorne an der Ecke L., wie er mit einigen Einkaufstüten für das Wochenende bepackt in unsere Richtung schlendert. Er sieht entspannt aus und gut gelaunt, nicht wie Kurt Cobain und nicht wie Brad Pitt, aber wie jemand, der zufrieden ist mit sich und der Welt (und der kulinarisch Großes vorhat dieses Wochenende). Als ich aus dem Auto steige und L. mich entdeckt, erscheint das schönste Lächeln der Welt auf diesem Gesicht, und da ist es wieder: Kennen Sie das, wenn man einen Blick auffängt, der dann plötzlich den *Oh-Gott-der-ist-es-Alarm* auslöst?

»Die Nummer mit der inneren Zufriedenheit ist der Bringer, glaube ich«, und die Damen nicken. Meine verpasste Liebe zu treffen war ein voller Erfolg, alle Teilnehmerinnen der Nachbesprechung von Operation Klappspaten sind sich da einig. Und es war nicht nur für mich ein Erfolg, für Jana und Anne haben auch der Argentinier und Patschulino einen Großteil ihres Zaubers verloren, zu wahrscheinlich ist, dass es ihnen ähnlich ergangen wäre, hätten wir die beiden zu Gesicht bekommen.

»*Innerer Frieden und Zufriedenheit* als Sinn des Lebens lässt sich bis jetzt ganz gut an«, fasst Jana zusammen, »aber was könnte man dafür noch machen?«

»Hm«, überlege ich laut, »außer den Nachbarn zu überfahren?«

Anne verdreht die Augen, »Ich glaube«, setzt sie an, »dass Authenzi,- Authenziti – also wenn Leute authentisch sind, dass sie dann ganz nah dran sind am seelischen Frieden!«

Jana grinst. »Authentizität«, sagt sie, »Arschnase«, erwidert Anne.

»Schön, dass wir das geklärt haben«, finde ich.

Annes Gedanke über die Authentizit- , Authentzi – darüber, dass authentische Leute nahe an der Zufriedenheit gebaut haben, klingt einleuchtend. Wer sich nicht verstellen muss, ehrlich ist und aufrecht, der muss doch vor innerem Frieden und Zufriedenheit nur so strotzen. Aber wie ist man authentisch? Beziehungsweise wie wird man es? Authentisch ist, wer nicht versucht, jemand anderes zu sein als der, der er ist, und der sagt, was er denkt.

Wenn ich so nachdenke, dann verstelle ich mich den ganzen Tag über und lüge, was das Zeug hält: Ich tue so, als würde ich mich für die Produkte der Agenturkunden interessieren (selbst wenn es sich dabei um zum Beispiel links drehende Dünnbrettbohrschnalzen handelt), ich erfinde Magen-Darm-Grippen zuhauf, wenn ich irgendwo nicht hinwill, und meinem Neffen habe ich erzählt, dass ich ihm deswegen nicht erkläre, wie ein Ottomotor funktioniert, weil es ein Geheimnis ist – obwohl ich es einfach nur nicht weiß. Es sind alles keine großen, gewichtigen Betrügereien, es ist noch nicht mal so wie: »*Der Vorwurf, meine Doktorarbeit sei ein Plagiat, ist abstrus!*«

Es sind mehr so Notlügen, Bequemlichkeitsschwindeleien und Flunkereien:

- Klar freue ich mich, wenn deine Mutter zu Besuch kommt!
- Ja, es hat geschmeckt!
- Wir sollten uns unbedingt mal wieder sehen!
- Wirklich? Du hast zugenommen? Wo denn?

Sie wissen vermutlich, was ich meine. Damit ist jetzt Schluss. Ich werde authentisch, unverstellt und ehrlich, fürwahr, aufrichtig, direkt und geradeheraus sein:

Und ich werde ab jetzt sagen, was ich denke.

SICH TREU BLEIBEN

Zu sagen, was man denkt, dürfte einfach sein – das zumindest glaube ich, bis L. mich darauf aufmerksam macht, dass wir durchaus das eine oder andere Missverständnis hatten, eben weil es NICHT so einfach ist, das zu sagen, was man denkt. Zumindest für uns Frauen nicht.

»Wenn du zum Beispiel sagst ›*Mach doch, was du willst*‹«, sagt L., »dann heißt das in etwa so viel wie ›*Mach, was du willst, aber wenn es das Falsche ist, dann gnade dir Gott!*‹«

Da hat er recht.

Das hängt aber auch damit zusammen, dass die mit den XY-Chromosomen sich schwertun, zwischen den Zeilen zu lesen.[19]

Als ich beispielsweise auf eine Unverschämtheit von L. die Augenbrauen hochzog und langsam die Ein-Wort-Frage »BITTE?« aussprach, ging mein lieber L. davon aus, ich hätte ihn akustisch nicht verstanden und er solle das eben Gesagte wiederholen. Tatsächlich jedoch gab ich ihm natürlich lediglich die Gelegenheit, das Gesagte zu revidieren. Solche Anfängerfehler passieren ihm heute nicht mehr. Er bittet auch heute nicht mehr um ein Bier, wenn ich ihm die vermeintliche Frage »Sonst noch was?« stelle. Er weiß, dass es sich dabei nicht um eine Aufforderung handelt, Wünsche zu äußern, sondern dass es bedeutet: *Bei dir piept's wohl!* Gleichzeitig bemühe ich mich inzwischen mehr darum, nicht zu sehr in Rätseln zu sprechen, und wenn ich etwas möchte, einen Kaffee zum Beispiel, direkt darum zu bitten, statt herumzurudern:

- Ein Kaffee wäre schon was Feines.
- Was hältst du von einem Kaffee?

---

19 Zugegebenermaßen verheddern sich die mit den XX-Chromosomen zuweilen derart zwischen ebendiesen Zeilen, dass sie am Ende selbst nicht mehr wissen, was sie sagen wollten, aber das tut hier nichts zur Sache.

- Ich bin so ein bisschen müde und schlapp – was könnte da nur helfen?

Außerdem musste ich erst mal verstehen, dass Männer oft genau das sagen, was sie meinen. Ich weiß, das ist verwirrend, aber es ist so. Als ich zum Beispiel L. vor vielen Jahren Jana vorstellte und er danach bemerkte: »Ich finde deine Freundin Jana nett«, meinte er tatsächlich einfach nur, dass er Jana nett findet. Er meinte nicht, dass er alles tun wird, um sie ins Bett zu bekommen, sie anschließend heiratet und mit ihr Kinder bekommt, während ich einsam alt werde und hin und wieder bei ihnen zum Abendessen eingeladen bin.

Abgesehen von den feststehenden Aussprüchen, die nicht immer wörtlich genau das meinen, wonach sie aussehen, oder sogar ihr komplettes Gegenteil, wie zum Beispiel: »Na toll!«[20], fallen natürlich auch unvollständige Aussagen in diese Kategorie. Das wäre so etwas wie:

»*Tschüss, Schatz, und pass auf dich auf!*« Diese funktionieren nach dem Eisberg-Prinzip: Es sieht aus wie ein lieber Abschiedsgruß und dem Wunsch, der Liebste möge unversehrt bleiben. Die 90 Prozent jedoch, die unter der Wasseroberfläche verborgen sind, beinhalten die Aussage: »*Und wenn du mich betrügst, wirst du es bereuen!*«

»Du wirst aber nicht deinem Chef in der Agentur sagen, was du von ihm hältst, oder?«, fragt L. vorsichtig nach. »Es könnte sich nachteilig auf dein Arbeitsverhältnis auswirken, wenn du ihn einen inkompetenten Vollidioten nennst.«

»Einen inkompetenten, impotenten Vollidioten«, berichtige ich und überlege, ob es vor meinem neuen, authentischen Ich zu rechtfertigen ist, dass ich im Büro so tue, als hielte ich den inkom-

---

20 Für die männlichen Leser: Wenn sie »Na toll« sagt, findet sie es nicht toll. Ganz und gar nicht.

petenten, impotenten Vollidioten für einen großartigen Chef. Da hat ja mein Stiefvater mehr Mumm in den Knochen, kommt es mir in den Sinn: Als ich den letzte Woche in seinem Büro besuchte, brüllte der eigentlich recht friedfertige Stiefvater mit hochroter Birne in sein Telefon: »Herr Bürgermeister, Sie Arschloch, Sie!« Beneidenswert, aber nein, den Chef würde ich gerne ausklammern. Wem und wo ich definitiv die Wahrheit sagen muss und wo ich mal ein Auge zudrücken darf, das weiß Brad Blanton, der Begründer der Bewegung Radical Honesty (Radikale Ehrlichkeit), der ist ein Profi auf diesem Gebiet.

Seine Empfehlung: Unbedingte Ehrlichkeit in allen persönlichen Beziehungen. Also wenn man zum Beispiel auf den besten Freund des Partners scharf ist, sollte man das unbedingt sagen – dem Freund, und dem Partner auch. Sollte man jedoch Anne Frank auf dem Dachboden versteckt haben und die Nazis klopften an die Türe, könne man ruhig lügen.[21] Nun ist zwar der Chef kein Nazi, aber wir haben eben auch keine persönliche Beziehung, insofern sei mir die Maskerade im Büro gestattet. Blanton selbst lügt laut eigener Aussage lediglich bei seiner Steuererklärung, beim Golf und beim Poker – und das erzählt er auch jedem, der ihn fragt.

»Interessantes Vorhaben«, findet L., als ich ihm von der radikalen Ehrlichkeit erzähle, »ab wann willst du anfangen?« Tja, wann will ich damit anfangen? Warum nicht gleich hier und jetzt, in unserem Wohnzimmer, kurz bevor *My Name Is Earl* im Fernsehen anfängt?

»Jetzt gleich«, beschließe ich und im selben Moment merke ich an L.s breitem Grinsen, dass das vielleicht gar nicht die beste Idee war. *Hoffentlich fragt er nicht nach der Sache mit Fritz*, schießt es mir durch den Kopf – ich hatte schließlich einige Details unterschlagen. Aber L.s Frage lässt mich aufatmen: »Liebst du mich?«

---

21 Aus dem Artikel von A. J. Jacobs: *I think you're fat,* erschienen im Esquire

»Jepp!«, antworte ich fröhlich und wende mich erleichtert der Schale Erdnussflips zu. »Wie sehr?«, fragt L. von der Seite. »Eine Million«, sage ich und der Trailer von *My Name Is Earl* beginnt. »Wie war es eigentlich in Schweinfurt?«, fragt L., und mir gefriert die Bewegung der Hand mit den Flips zum Mund.

Eigentlich bin ich doch mit meinen Halbwahrheiten gar nicht schlecht gefahren, finde ich, und die Verlockung ist riesig, eine solche dahin zu nuscheln und dann gemütlich mit L. und den Erdnussflips fernzusehen. Um mir eine winzig kleine Bedenkzeit zu verschaffen, stelle ich die Frage, die alle stellen, die noch etwas Zeit zum Überlegen herausschinden wollen: »WARUM?«

Aber leider kennt L. den Trick schon und beugt sich interessiert nach vorne: »Was war los?«

Und dann habe ich ihm einfach alles erzählt. Komplett, die ganze Chose. Vom ersten, elektrisierenden Fritz-Blickwechsel bis hin zur Operation Klappspaten. Davon, dass ich zwar wahnsinnig froh bin mit ihm, aber in entlegenen Alex-Gebieten immer noch ein Fritz-Rest schwelte, wie wir uns im Auto versteckten, bis zum Ende mit L. und seinen Einkaufstaschen.

L. hört sich alles an und als ich fertig bin, ist es erst mal unangenehm ruhig.

»Ich hätte mir also doch Sorgen machen müssen, hm?«, fragt er schließlich und lächelt gequält. »Ich weiß nicht, vermutlich schon, ja«, antworte ich und nehme seine Hand. »Es tut mir leid, ich hätte dir reinen Wein einschenken müssen«, versuche ich mich zu entschuldigen.

Eine blöde Sache, mir ist ganz übel. Eine Entschuldigung macht auch nicht immer alles wieder gut – es ist wie in diesem Dialog:

- Schmeiß ein Glas runter!
- Okay, erledigt!

- Ist es kaputtgegangen?
- Ja!
- Jetzt entschuldige dich…
- Entschuldigung!
- Und? Ist es jetzt wieder ganz?
- Nein!

Verstanden?

Ich habe Glück. »Entschuldigung angenommen«, sagt L. und sein Lächeln wird wieder ein wirkliches, echtes L.-Lächeln. Er schaltet den Fernseher aus, schnappt sich die Schale Erdnussflips und lehnt sich gemütlich zurück: »Und jetzt erzähl mir noch mal die Stelle, als du mich an der Ecke gesehen hast.«

Ich bin glimpflich davongekommen. Vollkommen harmlos ist es mittags in einem Bistro, als die Köche meine Quiche mal so richtig verhauen haben: »Hat es geschmeckt?«, fragt mich die Kellnerin freundlich, und weil mir alles andere so unangenehm ist, möchte ich einfach nur »Ja« sagen. Tue ich aber nicht. Für Sie ist das vielleicht keine große Nummer, aber ich bekomme schon schwitzige Hände, wenn ich nur daran denke – von den ganzen versalzenen, verbrannten und faden Gerichten ganz zu schweigen, die ich schon ohne mit der Wimper zu zucken verdrückt habe.

Ich sehe die Kellnerin entschuldigend an: »Ganz ehrlich, es war nicht so besonders«, bekomme ich heraus und strahle sie dafür mit einem großen Lächeln an, sodass das arme Ding denken muss, ich habe nicht alle Tassen im Schrank. Und ja, das ist schon erleichternd, die Wahrheit zu sagen. Ebenfalls fast reibungslos läuft ein Anlauf in der Agentur mit meinem Kollegen Markus:

»Alex, kannst du dir meinen Text für Rossmann ansehen?«, fragt Markus, was bei mir ein inwendiges Augenrollen verursacht. Es ist nämlich so, dass Markus mir immer, und damit meine ich IMMER, IMMER, IMMER seine Texte zum Korrigieren gibt.

Meistens finde ich irgendetwas, das verbesserungswürdig ist, Markus tauscht es aus und legt dem Chef dann einen 1-a-Text vor. Das geht mir gehörig auf den Keks. Wenn ich aber zugebe, dass mir das nicht gefällt, komme ich mir wahnsinnig kleinkariert und uncool vor – aber so bin ich wohl, und das ist mir fast noch unangenehmer als alles andere.

»Es ärgert mich, dass du mir deine Texte gibst, ich meine Zeit investiere, sie korrigiere und du dann die Lorbeeren einstreichst«, sage ich also mit kratzender Stimme und Markus sieht mich verdutzt an. Nur damit es nicht so still ist, füge ich noch hinzu: »Ich weiß, es hört sich total kleinkariert und uncool an und es ist mir unangenehm, das so zu sagen, aber es ist so.« Markus schüttelt langsam den Kopf. »Das tut mir leid, ich dachte, du willst die Texte gerne sehen – ich sehe dich als meine Textchefin an. Und ich sage natürlich immer, dass sie von dir sind, ungefragt«, stammelt er und wir sind beide leicht peinlich berührt. »Oh«, rutscht es mir heraus. »Das wusste ich nicht.« Ich räuspere noch ein bisschen herum und frage mich: *Soll das so?*

Später wird es noch richtig schwierig, nämlich als meine Schwiegermutter anruft. Die Schwiegermutter, das muss man wissen, hat ein Herz aus Gold, sie ist überaus großzügig und hat einen, wie ich finde, durchweg guten Geschmack – aber wenn sie mir (reizenderweise) Klamotten schenkt, dann legt sich in ihrem Hirn irgendein Schalter um und es kommen textil gewordene Albträume dabei heraus. Ich habe bis jetzt: ein Morgen-Wickelkleid mit Leopardendruck, ein knielanges Nachthemd mit Bärchen drauf und ein bodenlanges Sommerkleid mit jeweils einer großen Sonnenblume auf jeder Brust sowie etwas Weißes, das vermutlich ein Hosenanzug ist, mit Rüschen und Lochmuster. Fragen Sie mich nicht, ich weiß nicht, warum. Ich bin mir sicher, nie erwähnt zu haben, dass mein Herz für Leopardenmuster schlägt, und auch sonst lässt (hoffentlich) nichts an mir darauf schließen, dass ich auf Bärchen oder Rüschen stehe. Das letzte Geschenk, das meine Schwiegermutter mir aus dem Urlaub mitgebracht hat, ist eine Bluse, auf deren Vorderseite Edvard Munchs Gemälde »Der Schrei« gedruckt ist …

»Hat dir mein Mitbringsel gefallen?«, will die Schwiegermutter am Telefon wissen und stellt damit die Frage, von der ich hoffte, ich könnte sie umgehen. Es wäre vielleicht besser, wenn ich ihr die Wahrheit sagen würde, aber sie wegen ein bisschen Leopardenmuster zu kränken – ich weiß nicht. Noch während ich überlege, fällt mir auf: Es ist gar nicht unbedingt nur sie, die mir leidtut und wegen der ich nicht die Wahrheit sagen will, ich möchte mich vor allem selbst vor dem Mitleid, vor der Mit-Peinlichkeit und vor dem Gespräch danach drücken. Mehr Schwiegermutter-Liebe beweise ich, wenn ich es ihr sage.

»Also ganz ehrlich, die Bluse – da kann man ein bisschen Angst bekommen, wenn man die anschaut«, versuche ich meine Kritik vorsichtig zu verpacken. »Aha«, höre ich es aus der Leitung und ein Schnaufen. *Solche waghalsigen Abenteuer werden normalerweise von Red Bull gesponsert,* denke ich, aber wenn ich es jetzt nicht loswerde, dann nie:

»Weißt du, ich stehe eben generell nicht so auf total ausgefallene Sachen«, eiere ich herum, unterbrochen von der Schwiegermutter: »… so wie auf Leopardenmuster zum Beispiel?«

Da ist er, der Moment der Wahrheit: »Ja.«

Dann nur noch Schnaufen. Vermutlich hasst sie mich jetzt für immer. »Hallo?«, frage ich vorsichtig, »bist du noch dran?«

»Ja, ja, es ist nur, ich dachte, weil du so einen kreativen Beruf hast und wegen deiner bunten Wohnung und dem Bücherschreiben und alles, da dachte ich, ich brauche dir mit stinknormalen Sachen gar nicht zu kommen.«

Oje, da wollte sie ihren Vorstellungen von dem Geschmack einer hippen Werbemaus gerecht werden – und das, obwohl ich eine ganz ordinäre Jeans-und-T-Shirt-Maus bin! Auch die Schwiegermutter nutzt die Gelegenheit beim Schopf: »Mich hat es geärgert, dass du dich nie bedankt hast, wenn ich dir etwas mitgebracht habe«, beschwert sie sich, und da hat sie vollkommen recht, ich wusste nämlich nie, was ich sagen sollte, und habe den Anruf dann rausgezögert und schließlich unter den Tisch gekehrt.

Wir haben einen Durchbruch! Wir reden wirklich miteinander, und das versetzt uns beide in Hochstimmung.

Brad Blanton, der radikal Ehrliche, spricht in einem seiner Bücher von dieser Erregung als Folge des Tabubruchs, den man durch die Ehrlichkeit begehen würde, und dem Risiko, dem man sich dadurch aussetzt. Es fühlt sich großartig an.

Nicht so großartig fühle ich mich, als ich am gleichen Abend L. in die Kneipe begleite, wo er sich wöchentlich mit ein paar alten Studienkollegen trifft: Es ist wie immer nett und lustig und ausgelassen und – ebenfalls wie immer – wird spätestens ab der zweiten Flasche Wein die Welt gerettet. Theoretisch zumindest. Heute wird Griechenland gerettet (Portugal haben sie schon kernsaniert), viel effektiver natürlich, als die EU das jemals könnte, und schließlich fragt L.s Freund Carlos:

»Und Alex? Was denkst *du* denn?« Und da haben wir den Salat. Fünf Augenpaare sehen mich erwartungsvoll an.

»Ich habe gerade eben gedacht, was ich wohl aus meinem Strohhalm hier basteln kann«, antworte ich wahrheitsgemäß, »denn ich habe in dieser Runde immer die Befürchtung, wie ein Trottel dazustehen, weil ihr alle Politikwissenschaft studiert habt und ich nur, wie man Dünnbrettbohrschnalzen an den Mann bringt.«

Ich stelle fest, dass nach meinen ehrlichen Antworten immer die gleiche sekundenlange Stille in der Luft hängt. Einundzwanzig, zweiundzwanzig, dreiundzwanzig, … »Was sind Dünnbrettbohrschnalzen?«, fragt Carlos. Auch in diesem Fall tritt etwas ein, was schon bei der Schwiegermutter passiert ist: Wenn man selbst ganz ehrlich ist, macht das Gegenüber mit! In diesem Fall geht es plötzlich nicht mehr um die Finanzhaushalte ferner Länder, sondern darum, in welchen Situationen jeweils geschwiegen wird, aus Angst etwas Dummes zu sagen.

Es tut gut und es ist aufregend, die Wahrheit zu sagen. Es befreit und lässt echte Nähe entstehen. Und wenn man es nicht rechtzeitig tut, bringt man sich in Teufels Küche:

Eine Bekannte hat mich nämlich mit der Frage überrumpelt, ob ich ihr bei ihrem Umzug nächsten Monat helfen könnte. Die Sache ist die: Eigentlich ist sie gar nicht meine Bekannte, sondern Janas Bekannte, und Lust habe ich ungefähr ebenso wenig wie Zeit und ich Knalldepp habe trotzdem zugesagt. Ich schreibe ihr also:

»Ich neige dazu, anderen Leuten Gefallen zu tun, nur damit sie mich mögen, obwohl ich die Sache nicht tun will oder die Person nicht kenne. Dann ärgere ich mich im Nachhinein über mich selbst, anstatt das zu revidieren. Ich hoffe, du hältst mich nicht für eine Arschgeige, aber ich möchte lieber doch nicht beim Umzug helfen.«

Keine zehn Minuten später kommt die Antwort:

»Ich halte dich nicht für eine Arschgeige. Es war daneben, dich überhaupt zu fragen – aber als du zugesagt hast, wollte ich dann auch nicht zurückrudern. Auch nicht die feine englische Art, sorry.«

Also das war dann so sympathisch, dass ich fast wieder gesagt hätte, ich komme doch.

Es gibt immer noch Bereiche, in denen ich nicht die Wahrheit sage. Ich kann meinem Neffen nicht sagen, dass es den Nikolaus nicht gibt und es auch für den Hasenhimmel, in dem sein Hase Hoppel seit Kurzem wohnt, nicht gut aussieht. Dafür sage ich frei raus, dass ich von Ottomotoren keine Ahnung habe – es ist leichter, mit den eigenen Fehlern und Unzulänglichkeiten ehrlich zu sein, als an anderen herumzukritteln, das lasse ich sein. Ich muss nicht zum Nachbarn gehen und ihm sagen, dass er knapp daran vorbeischrammt, von mir überfahren zu werden. Es wird keine Ansprachen an niemanden à la »Was ich dir schon immer sagen wollte« geben und wenn mir eine Wahrheit zu brutal erscheint, wird sie meinen Mund nicht verlassen. Ich werde lediglich versuchen, meinen eigenen Käse nicht zu verheimlichen und die Dinge zu tun, die ich wirklich tun will, und nicht die, die ich irgendwie nicht abschlagen kann.

»Viel Spaß!«, wünsche ich denn auch L. auf dem Weg in die Kneipe zu seinen alten Kollegen, »beziehungsweise hoffe ich, du vermisst mich und hast eher mittelviel Spaß, also etwas weniger als mit mir!«, präzisiere ich meine Wünsche.

Mit der Mutter aussöhnen

»Das ist wirklich wichtig«, sagt Jana und beißt in ihren Muffin. »Man muss sich irgendwann im Erwachsenenleben mit den Eltern aussprechen. Wenn du das nicht machst, dann wirfst du es dir ein Leben lang vor, wenn es mal zu spät ist. Du wirst immer denken: *Ach hätte ich doch dieses gesagt oder jenes geklärt, …*«

»Schon gut!«, willige ich ein, »ich habe schon verstanden.«

Jana glaubt, dass man sein Leben aufräumen muss. Seelischer Frieden bedeutet auch, keine Rechnungen offen zu haben, und damit sind nicht die Stadtwerke gemeint. Es geht um die Dinge, die man als Seelenmüll bei sich herumliegen hat und die dort die Luft verpesten.

Zu sagen, die Eltern würden die Luft verpesten, ist natürlich ebenso unwahr wie unschön, aber ich verstehe sehr gut, was Jana meint: All diese Dinge, die in Familien normalerweise unausgesprochen bleiben und als großer, stinkender Haufen unter einem hübschen Spitzendeckchen mitten auf dem Couchtisch liegen. Jeder weiß, dass er da ist, und doch kann man prima drüber hinwegsehen. Vermutlich hat jede Familie so einen Haufen, der oft erst sichtbar wird, wenn jemand von außerhalb, zum Beispiel ein Lebensgefährte, Fragen stellt, wie zum Beispiel: Was ist denn das da unter dem weißen Spitzendeckchen?

Irgendwann kommt bei den meisten der Punkt, an dem sie ein ernstes Wörtchen mit ihren Eltern reden, von Erwachsenem zu Erwachsenem. Manchmal ist man auf dieses Gespräch vorbereitet und manchmal gibt eine Situation plötzlich den Anstoß – wie bei Lucy, deren Mutter mit ihr einen Ausflug zu ihrem Geburtsort machte. Kurz bevor sie das Ortsschild erreichten, eröffnete die Mutter: »Nur dass du Bescheid weißt, falls jemand das Thema anschneiden sollte: Dein Opa hat deine Oma umgebracht damals. Mit einem Messer.« Das ist zum Beispiel so ein Anstoß, mal über vergangene Zeiten zu reden.

Aber auch wenn es nicht so extreme Sachen sind wie Mord und Totschlag (Lucy) oder plötzlich auftauchende Halbgeschwister (Jana), ist irgendwann dieser Zeitpunkt gekommen. Die Voraussetzungen dafür sind gegeben, wenn:

- man nicht mehr Schlafanzüge mit Füßen trägt,
- man nicht mehr »Fräulein« genannt wird, wenn man was ausgefressen hat, und
- wenn die elterliche Argumentationsweise nicht mehr hauptsächlich aus der Aussage »Weil ich es so sage!« besteht.

Ein Anfang ist gemacht, wenn man damit beginnt, seine Eltern bei ihrem Vornamen zu nennen. Heißt es. Es gibt ja Kinder, die sagen schon als Dreikäsehochs »*du, Elke*« statt »Mama« und »*der Jürgen*« statt »Papa«. Für alle diejenigen, die mit Mama und Papa aufgewachsen sind, klingt das immer ein bisschen komisch kumpelhaft. Als würde der dreijährige Maximilian-Ole sagen: Du, Jürgen, wo du schon stehst, bring mir doch ein Bier mit! Wohlgemerkt, das klingt nur so. Vermutlich ist es piepegal, wie Kinder ihre Eltern anreden, Hauptsache, sie reden überhaupt mit ihnen. Ab einem gewissen Alter jedoch kippt das Ganze und es ist eher befremdlich, wenn ein Herr mit Anzug und Geheimratsecken im Restaurant ruft: »Mami! Hier sind wir!« Abgesehen davon, wie es klingen mag, ist der Wechsel zum Vornamen hilfreich, um ein Mindestmaß an Distanz zu schaffen, die man allen anderen Menschen gegenüber automatisch an den Tag legt und die nötig ist, um sich mit dem Elternteil auseinanderzusetzen. Wer seine Mama *Elke* und seinen Papa *Jürgen* nennt, ist angeblich viel eher dazu bereit, die beiden als normale Menschen wie du und ich, mit Fehlern und Macken und ihrer Geschichte anzusehen. *Mama* und *Papa* hingegen schleppen den ganzen Rattenschwanz an Vorwürfen, unerfüllten Erwartungen, Liebkosungen und Enttäuschungen mit, die den beiden kleinen Wörtchen anhaften. Mit ihren Vornamen akzeptieren wir die Eltern so, wie sie sind, und durch ein klärendes Gespräch finden wir heraus, warum sie so sind. So weit, so einleuchtend – aber für diejenigen unter uns, die mit einer »Mama« aufgewachsen sind,[22] ist es schlicht befremdlich.

Zu klären bleibt auch, ob die Anrede maßgeblichen Einfluss darauf hat, wie schnell uns die zuständige Mama auf die Palme bringt. Das ist weltweit der kleinste gemeinsame Nenner von allen Müttern, oder? Dass sie imstande sind, einen innerhalb einer Zehntelsekunde an den Rand eines Nervenzusammenbruchs zu katapultieren. Wahnsinn. Dabei ist das auslösende Moment für Außenstehende völlig unersichtlich. Während man selbst noch damit beschäftigt ist, nicht zu explodieren, sind sich alle anderen anwesenden Personen einig: »Wieso? Die ist doch total nett?« Und wenn man dann mit Schaum vor dem Mund und mit der Stimme von Gollum »*Nicht nett, nicht nett!*« herauspresst, muss man aufpassen, dass man nicht für verschroben gehalten wird.

Lustigerweise sind es ja immer winzig kleine Nichtigkeiten, die einen bis aufs Blut reizen – die aber familienintern für etwas stehen, das man ganz schlecht erträgt. Und wenn man etwas schlecht er-

---

22 Oder mit einer Mami, Mum, Mutti oder Mutter.

trägt, das wissen wir inzwischen, dann heißt das nur, dass man in dieser Angelegenheit an sich arbeiten muss. Es ist das, was uns an uns selbst nicht gefällt, was uns an den Eltern wahnsinnig macht, weil wir ihnen eben doch: ähnlich sind. Angeblich.

Nicht, dass das irgendjemand je zugeben würde. *Du bist wie deine Mutter* gehört, glaube ich, in der Rechtssprache zu einer dieser Aussagen, die anschließenden Verbrechen eine hundertprozentige Straffreiheit garantieren. Väter sind da raus, weil die Hauptarbeit an Erziehung immer noch von den Müttern übernommen wird – das mag sich gerade ändern und vielleicht sagt Maximilian-Ole einmal: »Wenn mein Vater noch EINMAL ›*XY*‹ sagt, flippe ich aus!«

Was die jeweilige Mutter nun genau macht, um ihr Kind auf 180 zu beschleunigen, ist ganz unterschiedlich, aber irgendwas ist immer und auch die glücklichste Familie hat irgendeinen dieser Torpedos im Keller. Angeblich existieren zwar völlig harmonische Familiengefüge, so wie in den Fernsehserien, bei der jede Missstimmung innerhalb von Minuten aus der Welt geräumt wird und sich anschließend alle in die Arme fallen, aber ich vermute dann immer ein besonders fest gezurrtes Spitzendeckchen mit einem besonders großen Haufen drunter.

Unter jedem Dach ein Ach, heißt es ja auch so schön.

Mein ganz persönlicher Torpedo sowie Spitzendeckchenhäklerin Nummer eins, meine Mami, Mama und Mutter, heißt Eva. So heißt sie nicht schon immer, als ich ein Kind war, benutzte sie ihren Zweitnamen (Renate), mit dem sie aufgewachsen war, und erst relativ spät, als ich schon im Teenageralter war, fiel ihr auf, dass Eva, ihr eigentlicher Name, um ein paar Deut hübscher klingt. Außerdem nahm sie bei der Heirat mit meinem Stiefvater dessen Nachnamen an, ich hatte also innerhalb kürzester Zeit namenstechnisch gesehen eine nagelneue Mutter zu Hause – aber das war beileibe nicht unser größtes Problem während meiner Pubertät.

Meine Eva-Renate-Mama hat also, wie jeder andere Mensch auch, einen bunten Strauß an liebenswerten Eigenschaften, von denen mich ein paar davon völlig kirre machen. Manche davon mehr, manche davon weniger. Eine Sache jedoch toppt alle anderen. Die macht mich fertig und raubt mir den letzten Nerv, die ist so schlimm, dass ich Gänsehaut bekomme, während ich Ihnen davon erzähle. Es ist die Hölle: sie summt.

Pah!, werden Sie da sagen, das ist noch gar nichts, aber denken Sie nur daran, was Sie in den Wahnsinn treibt: Ich bin sicher, da gibt es auch die eine oder andere Kleinigkeit, bei der alle anderen *Pah!* sagen würden. Meine summt eben. Hm-hm-hm-hmhm. Hm. Es ist kein sehr melodisches Summen, auch wenn es durchaus Melodien sind, die sie da summt, und das ist das nächste Problem: die Liedauswahl ist unter aller Kanone. Da hören Sie im Hochsommer »Süßer die Glocken nie klingen« und im direkten Anschluss ein Medley aus der Zauberflöte und Eros Ramazzottis größten Hits! Oder »Carglass repariert, Carglass tauscht aus«, hatten wir auch schon. Eigentlich ganz lustig, nicht? Finde ich auch – was mich an der Summerei so fertigmacht, ist etwas ganz anderes: nämlich WANN sie summt. Die Mutter summt immer dann, wenn sie nichts entgegnen möchte, aber anderer Meinung ist. Das geht in etwa so:

Mama: »Du solltest die Teller vorspülen, dann werden sie sauberer.«
Ich: »Ist gar nicht nötig bei unserer Spülmaschine.«
Mama: »Hm-hm-hm-hmhm …«
Ich: Hass.

oder:

Mama: »Der Uli Hoeneß sieht ja schon aus wie ein Steuerhinterzieher.«
Ich: »Das sieht man doch jemandem nicht an, ob er Steuern zahlt oder nicht!«
Mama: »Hm-hm-hm-hmhm …«
Ich: Hass.

So sehen Meinungsverschiedenheiten mit meiner Mutter aus. Dabei ist es völlig egal, um was es inhaltlich geht. Meine Mutter summt auf politische Aussagen ebenso wie auf persönlichen Klamottengeschmack:

Mama: »Willst du DAS auf die Hochzeit anziehen?«
Ich: »Warum? Ist doch schön!«
Mama: »Hm-hm-hm-hmhm ...«

Die Summerei ist auch ihre Strategie, wenn eine unangenehme Stille herrscht, zum Beispiel weil man sich in ihrer Anwesenheit mit jemandem in die Wolle bekommt. Oder man peinlich berührt schweigt. Gehen Sie ruhig einmal mit meiner Mutter einkaufen und bringen die Verkäuferin in Verlegenheit, das dauert keine drei Sekunden, und schon ertönt »Für Elise« an Ihrer Seite. Gesummt.

Das, was mich an dem Gesumme in den Wahnsinn treibt, ist natürlich nicht die Liedauswahl, sondern das, wofür es steht: sich vor einer Auseinandersetzung zu drücken, sogar davor, einfach nur die eigene Meinung zu sagen – aber gleichzeitig durch das Gesumme darauf hinzuweisen, dass man nicht einverstanden ist. Ich meine, was soll das? Wir sind doch nicht bei den Montagsmalern! Ich habe es gerne gerade heraus. Es passt was nicht? Immer raus damit!

Nun glaube man nicht, dass mein einziges Problem mit meiner Mutter ihr beständiger Hummel-Ton ist. Es ist lediglich ein Auswuchs von einer grundlegenden Sache, die ich überhaupt nicht verstehe: Die Mutter vermeidet es wie der Teufel, Entscheidungen zu treffen. Egal, um was es sich dabei handelt. Das hat zur Folge, dass sie nie an etwas schuld ist, das nicht funktioniert, nicht schmeckt oder nicht möglich ist, und es gibt ihr die Möglichkeit, es danach immer besser gewusst zu haben. Ganz typischer Satz: *Man hätte es eben doch besser so und so machen sollen.* Es ist zum Aus-der-Haut-fahren. Alle Verantwortung für jede Entscheidung gibt sie ab, da ist sie konsequent – auch die für ihr Leben und somit ihr Glück. Dafür waren immer andere zuständig, nämlich ihre Männer und: genau, moi, ich. Eine große Verantwortung für ein Kind.

Ich boykottiere nun die Mutter-Strategie der Entscheidungsverweigerung schon seit Jahren, indem ich beharrlich bleibe.

Ich: »Soll ich uns was kochen oder würdest du gerne zum Italiener?«
Mama: »Was würdest du denn gerne?«
Ich: »Nein, ich will ja wissen, was DU gerne möchtest.«
Mama: »*Willst* du denn kochen? Mir ist es egal!«
Ich: »Sag einfach, was dir lieber ist.«
Mama: »Zum Italiener ist auch toll – aber wir können auch gerne kochen.«

Es sollen schon Leute verhungert sein, die mit meiner Mutter etwas essen wollten.

»Mami?«, frage ich ins Telefon – eine andere ihrer liebenswerten Eigenarten: Sie hebt das Telefon ab, ohne etwas zu sagen. Wir verabreden uns für den kommenden Abend im Bella Napoli, ein alter Trick aus der Trennungskiste: Wenn emotionale Reaktionen zu erwarten sind, triff dich immer an öffentlichen Orten.

»Was willst du ihr denn morgen sagen? Wird das so eine Art Abrechnung à la *was ich dir schon immer mal sagen wollte*?«, fragt L. abends, als wir beide mit unseren Krimis in den Kissen liegen.

»Ich weiß es gar nicht so genau«, muss ich zugeben, »ich habe das Gefühl, wir sollten mal über alles reden. Wir telefonieren zwar öfter und sehen uns auch, aber es geht immer nur um Quatsch: Wie fandest du den Tatort, wie lange wird ein Coq au vin eingelegt und was macht man dann gegen die Rotweinflecken, so Zeug eben.«

»Hast du ihr denn gesagt, was du morgen vorhast?«

»Nein«, gebe ich zu und nehme meinen Krimi wieder zur Hand, »ein kleiner Heimvorteil sei mir gegönnt. Außerdem, wenn sie nicht will, muss sie auch nicht mit mir über alles reden.«

L., der mich leider ziemlich gut kennt, vermutet: »Klar. Aber dann muss sie vermutlich ziemlich lange zuhören, während du darüber redest, stimmt's?«

»Stimmt«, entgegne ich, und dann lesen wir weiter.

Eva Drösel, mit der ich am nächsten Tag ein Meeting in der Kaffeeküche habe, rät mir dazu, *Ich-Botschaften* anstatt *Du-Botschaften* zu verwenden.

»Also anstatt zum Beispiel zu sagen: *Du hast mich nie geliebt*, ist es besser zu sagen: *Ich habe mich ungeliebt gefühlt*«, sagt sie, »dann fühlt sich der andere nicht so angegriffen, weil man ja lediglich über die eigenen Gefühle spricht.« Genial. So kann man dem Gegenüber Vorwürfe machen, ohne dass der angreifen kann – man hat ja nur über die eigenen Gefühle gesprochen! Das grenzt ja an psychologische Kriegsführung. Gedanklich spiele ich das einmal durch, nicht zu sagen: *Du summst*, sondern zu sagen: *Ich fühle, du summst*. Vielleicht doch nicht so genial.

»Bist du schwanger?«, ist das Erste, was meine Mutter sagt, als sie an den Tisch kommt. »Nein.«

»Hast du eine schlimme Krankheit?«

»Auch nicht, ich habe gar nichts, mach dir keine Sorgen«, versuche ich weiteren Fragen zuvorzukommen und meine Mutter setzt sich. Mit äußerst misstrauischem Blick zwar, aber sie sitzt. Wir bestellen, der Kellner geht und wir sehen uns an. Es ist für einen Moment unangenehm still und meine Mutter summt den Hochzeitsmarsch. »Heiraten werden wir auch nicht«, sage ich und sie sieht mich verdutzt an. Ein guter Moment, das Hummel-Thema anzusprechen: »Du summst. Immer.«

»Tue ich nicht.«
»Doch, immer.«
»Nein, nie.«
»Immer.«
»Höchstens ganz selten.«
»Immer.«
»Hin und wieder?«
»Immer!«
»Gut, oft.«
»Okay, oft.«

Willkommen auf dem türkischen Basar der nervigen Eigenschaften.

»Mama, wie fändest du es, wenn ich dich mit Vornamen anreden würde?« Die Überraschung steht ihr ins Gesicht geschrieben. »Möchtest du das denn?« So sicher bin ich mir da auch noch nicht. »Vielleicht probieren wir es einfach mal aus?«, schlage ich vor und fange noch mal von vorn an:

»Eva, wie fändest du es, wenn ich dich mit Vornamen anreden würde?« Wir sehen uns beide mit aufgerissenen Augen an – und was soll ich Ihnen sagen – es fühlt sich phänomenal anders an. Das simple Austauschen der Anrede funktioniert wie eine Metamorphose und die Mutter und ich – Eva und ich –, wir sind plötzlich auf Augenhöhe. Ich sitze nicht mehr der Mama gegenüber, sondern einer Frau, die meine Freundin sein könnte (und Mama verteufelt ähnlich sieht). Deren Meinung ich mir vorurteilsfrei anhören kann, ohne von vornherein heimlich mit den Augen zu rollen, weil ich etwas typisch Mama-artiges erwarte – und der ich gerne etwas erzähle, weil ich nicht denke: *Ich weiß schon, was jetzt kommt.*

Ein Wort. Erstaunlich.

Diese Stimmung nutze ich aus. »Weißt du, Eva, es gibt da etwas, das verstehe ich nicht …«, und dann frage ich Eva einfach, warum sie sich so beharrlich wehrt, in ihrem Leben Entscheidungen zu treffen. Und weil das so gut läuft und Eva auch wirklich mit mir spricht wie mit einer Freundin und nicht wie mit ihrem Kind, machen wir gleich weiter. Es folgt das *Warum hast du damals geheiratet* und vor allem: *Warum hat das nicht gehalten? Warum ist das Verhältnis zu Oma so mies* und *warum zum Teufel hast du dich nicht gegen deinen Mann gewehrt?* Im Gegenzug sehe ich mich plötzlich auch den Fragen von Eva ausgesetzt, Fragen, die ich weiß nicht wie lange in ihr geschwelt haben: *Warum hast du aufgehört, mit mir über die wichtigen Dinge zu sprechen? Warum hast du mich nach meiner Scheidung so allein gelassen? Und warum zum Teufel geht dir mein Summen so auf den Wecker?*

Es ist ein langes Gespräch, mit vielen Antworten, die wieder neue Fragen nach sich ziehen, und sie helfen mir, meine Mutter als das zu sehen, was sie ist – und nicht als das, was sie sein soll. Ich kann Mitleid haben mit dem Kind, das Eva mal war, und Verständnis haben für ihre Situation als junge Frau. Mir ist glasklar, warum sie keine Entscheidungen treffen will, warum sie so ist, wie sie ist, und nicht anders.

Viel später, als wir untergehakt das Bella Napoli verlassen und die Schultern gegen den kalten Wind nach oben ziehen, schlage ich ihr vor: »Wollen wir noch einen Absacker trinken gehen?« Eva sieht mich freudig an: »Willst DU denn? Ich meine – ja! Ich will gerne!«, und auf dem Weg zum Café Einstein summt sie *Azzurro*. Und ich summe mit.

DAS KIND

Glauben Sie bloß nicht, ich habe wegen diesem Projekt ein Kind bekommen. Kinder probiert man nicht aus, ich bin ja nicht bescheuert. Aber gewisse Umstände führten eben zu – anderen Umständen:

Fast nichts wird bei der Frage nach dem Sinn des Lebens so oft genannt wie Kinder.

Kinder sind ein Quell des Glücks und der Freude, zweifellos. Aber sie sind auch ein Quell der Schlaflosigkeit, durchwachter Nächte und die Grundlage für pickelige, mürrische Teenager.

Zum Kinde kommt man in der Regel wie zum Rauchen, nämlich weil irgendjemand aus dem Freundeskreis damit anfängt. Schwups, hast du nicht gesehen, verwandelt sich ein Paar, mit dem man zuvor so manche Nacht durchgemacht hat, in ein Elternpaar, das zwar dann auch jede Nacht durchmacht, aber ganz anders. Plötzlich bekommt man zu Weihnachten E-Mails, in denen alle Familienmitglieder als Wichtel verkleidet sind, in die Gespräche fließen immer öfter Wörter wie »glutenfrei«, »Calendula-Öl« oder »U6« ein, und wir Laien verstehen nur noch Bahnhof, besonders wenn man die U6 für eine U-Bahn-Linie hält. Man erfährt außerdem deutlich zu viel über Farbe und Konsistenz von Windelinhalten, über Tragetücher und Dinkelkekse und wenn Sie sich im Auto mitnehmen lassen, pappt danach ein Flutschfingereis-Keksrümel-Batzen an ihrer Jeans. Was immer da auch passiert, wenn Leute Kinder bekommen, es ist dafür verantwortlich, dass erwachsene Frauen vor ihren Säuglingen knien, in die Hände klatschen und singen:

Mit den Händen kann man Winken,
mit der Rechten und der Linken,
wenn man sie zusammenpatscht,
machen beide klatsch, klatsch, klatsch!

Ganz zu schweigen von den Telefonaten, die sich in Phantom-Dialoge mit dem Baby verwandeln – warum meinen Eltern immer, man möchte mit ihren kleinen Kindern telefonieren? Kleine Kinder können nicht telefonieren!

Ich:	»Unfassbar, dass die Bundesregierung ...«
Babymutter:	»Ui! Jetzt ist er aufgewacht! Warte, ich gebe ihn dir! *Sag mal schön Hallo zur Tante Alex, Maximilian-Ole!*«
Baby:	» ... «
Ich:	»Haaaalloooo, Maxi, hörst du mich?«
Baby:	» ... «
Ich:	»Hallo Mäxchen! Hier ist die Tante Alex! Huhu!«
Baby:	» ... «

...

So geht das recht einseitig weiter, während die Babymutter am anderen Ende der Leitung vor Rührung vergeht, weil Maximilian-Ole »guckt«. Maximilian-Ole ist übrigens inzwischen vier Jahre alt, unsere Telefonate laufen aber immer noch genauso ab. Dafür kann er viele andere Sachen: Er pult ganz toll die Knubbel von der Raufasertapete, wenn er zu Besuch ist, er kann mit beiden Ärmchen ins Aquarium fassen, zwischen seinen Zeigefingern Spuckefäden ziehen und »Kackwurst« sagen – und dabei ist Maxi-Ölchen noch eins der verträglichen Sorte.

Abschreckende Beispiele gibt es zuhauf, aber hat erst mal das erste Paar damit angefangen, fallen sie alle wie die Fliegen. Da kann man mit dem ersten freudig gezeigten Ultraschallbild im Freundeskreis gleich ein Söckchen-Abo bei Babywalz beantragen. Von da an wird auf Partys *We will rock you!* nur noch in Zimmerlautstärke gespielt, während man strumpfsockig vorsichtige Tanzbewegungen dazu macht, damit die Kleinen nicht wach werden.

Trotzdem sind sie absolut hinreißend. Diese Dreikäsehochs mit ihren bunten Gummistiefeln und den geflickten Brillen, mit verschmierten Eis-Mündern, Spiderman-Schlafanzügen, Lillifee-Nachthemden und Stofftier im Arm. Kleinkinder, die Mittel- und Ringfinger zum Lutschen in den Mund stecken und sich die Augen reiben, wenn sie müde sind. Die bei ihren Gehversuchen noch hin und her wackeln wie King-Kong in dem alten Schwarz-Weiß-Film und die nach einem »Nein!« das Verbotene gleich noch einmal tun, ganz langsam, und einen dabei nicht aus den Augen lassen. Kinder, die in ihrem Bettchen liegen und einen anlachen, sobald man sich drüber beugt, und die, die alles selber machen wollen und denen eine dicke Träne aus den Augenwinkeln rollt, weil man ihr Schnitzel vorgeschnitten hat. Kinder, die völlig unbegreifliche Dinge lustig finden und sich daran stundenlang freuen können.

Kinder sind großartig.

Großartig ist aber auch, wenn sie nach Spiel und Spaß mit ihren zuständigen Eltern nach Hause gehen. Da spart man sich das Ganze:

- »Du MUSST jetzt aber schlafen!«
- »Leg SOFORT den Schokoriegel wieder zurück.«
- »Du hast WAS aufs Sofa geschmiert?«

Damit fuhr ich jahrelang hervorragend. Während die Bäuche der Damen um mich herum einer nach dem anderen aufgingen wie die Hefezöpfe, beschäftigte ich mich mit anderen Dingen – arbeiten, Bier, Wein, um nur drei zu nennen.

Und dann irgendwann, ohne Vorankündigung, ging es los: Während ich noch am Augenrollen war, weil wieder jemand fragte: »Uuuuund? Wann ist es bei euch so weit?« passierte irgendetwas in meinem Hinterhirn, das Babys, Bärchen-Schlafanzüge und alles aus der Kinderabteilung von Ikea wahnsinnig niedlich werden ließ.

Plötzlich blieb ich vor Schaufenstern stehen, in denen nicht die aktuelle Schuhkollektion in den neuen Sommerfarben von Vialis ausgestellt war, sondern die aktuelle Schühchenkollektion in Pastellfarben von Petit Bateau. Ich stellte mir L. vor, wie er ein winziges Baby in den Armen halten würde, was mir fast ein Tränchen der Rührung in die Augen trieb, und hatte in Gedanken schon die Häschenbordüre im Kinderzimmer angebracht. Während ich mich schließlich mental auf die Geburt vorbereitete, bezog ich L. in unsere Zukunftsplanung mit ein.

Der freundete sich binnen Kurzem mit der Idee an und gemeinsam fingen wir an herumzuspinnen: Wie das Kind wohl aussehen würde, welches Geschlecht es hätte und wie man es nennen könnte. Konnten wir die geplante Reise überhaupt noch machen? War Fliegen nicht schädlich für das Ungeborene? Und apropos Ungeborenes: Warum war ich immer noch nicht schwanger? Nach mehreren Monaten und jeder Menge Späße aus dem Freundeskreis, die alle etwas mit dem Zeugungsakt an sich zu tun hatten, machte ich mich zunächst im Internet auf die Suche nach Gründen, warum das Baby auf sich warten ließ. Die Bandbreite der Diagnosen war extrem breit gefächert, zwischen Gebärmutterhalskrebs, falscher Ernährung und Schuld aus meinem vorherigen Leben war alles dabei. Für eine zweite Meinung besuchte ich den Frauenarzt meines Vertrauens, der nach eingehender Untersuchung sagte:

»Das wird so nichts, Frau Reinwarth. Sie haben Eileiter wie ein Paar Würstchen«, und dabei ballte er beide Hände zu Fäusten zusammen, »fest zugeschnürt, da geht nichts durch.« Einige Tränen später war klar: Wenn das was werden soll mit den pastellfarbenen Schühchen, dann werden wir die bockigen Eileiter umgehen und den launigen Weg der künstlichen Befruchtung beschreiten müssen.

Da standen wir nun mit unserem Kinderwunsch: Mitte 30, mit Eileitern wie ein Paar Würstchen, aber zu allem entschlossen.

Wie sich herausstellte, muss ein IVF-Paar[23] auch zu allem entschlossen sein, denn dieser Weg ist »steinig und schwer«, wie Xavier Naidoo jammern würde. Ich weiß nicht, wie bewandert Sie in der Reproduktionsmedizin sind, aber theoretisch läuft die ganze Chose ungefähr so ab:

---

23 IVF heißt unter uns Profis In-Vitro-Fertilisation, also Befruchtung im Glas.

1. Die Frau setzt sich einen Zyklus lang jeden Abend ein bis zwei Spritzen in die Bauchdecke, die kurbeln die Produktion der Eizellen an. Statt einer Eizelle werden also so viele wie möglich gleichzeitig reif.
2. Am Tag des Eisprungs werden in der Klinik so viele Eier wie möglich entnommen und im Labor mit dem Sperma des potenziellen Vaters befruchtet.
3. Wenige Tage später werden in der Klinik meist zwei befruchtete Eizellen zurück in die Gebärmutter transferiert, sind welche übrig, werden sie eingefroren und gegebenenfalls zu einem spätern Zeitpunkt eingesetzt.
4. Nach zwei Wochen gibt ein Bluttest Auskunft über hopp oder top.

Praktisch jedoch sind diese vier Schritte begleitet von:

1. Glasampullen, die man an abbrechen muss, um die Flüssigkeit auf eine Spritze zu ziehen und deren Splitter immer im Finger stecken bleiben.
2. Ein aufgeblähter Bauch wegen der Stimulation, woraufhin man von aufmerksamen Kollegen gefragt wird, ob man schwanger sei. Nein.
3. Euphorie über die Möglichkeit, dass es nun bald so weit sein könnte.
4. Depression, weil dem wahrscheinlich nicht so ist.
5. Jede Menge Tränen und schlechte Laune wegen der Hormone.
6. Jede Menge Tränen und schlechte Laune wegen dem vielen Geld.
7. Dieses Zimmer in der Klinik, in das L. muss, wo die ganzen Männermagazine rumliegen und jeder weiß, was er gleich da drin tun wird.
8. X Fahrten in die Klinik, nach ein paar erfolglosen Versuchen Zweifel an deren Kompetenz und Klinikwechsel zu einer, die noch weiter entfernt liegt.
9. Gut gemeinte Ratschläge, sich *doch einfach zu entspannen, dann klappt es von ganz alleine.*

10. Die Geschichte von der Bekannten einer Freundin, die schließlich aufhörte nachzuhelfen und dann ganz plötzlich und einfach so schwanger wurde.
11. Hinweise, mit den ganzen Medikamenten könne das ja nichts werden, Kinder bekommen sei schließlich eine ganz »natürliche« Sache.
12. Tipps, homöopathische Mittelchen und erfolgreiche Heilpraktiker betreffend, ungeachtet eines eher »mechanischen« Problems.
13. Die Meinung, das Schicksal hätte eben keine Kinder für uns vorgesehen.
14. Beiträge in den Medien, wir Karrierefrauen wären eben selber schuld, wenn wir mit 80 noch Kinder bekommen wollten.
15. Leute, die genau dies denken. Und sagen.
16. Der Bericht zur Lage der Nation, es würden zu wenig Kinder geboren, und die gleichzeitige beharrliche Weigerung der Krankenkassen, die Behandlungskosten zu übernehmen.
17. Die Behandlungskosten!
18. Die Anstrengung, sich ehrlich und aufrichtig für diejenigen zu freuen, bei denen es klappt.
19. Eine Art Persönlichkeitsspaltung während der 14-tätigen Wartezeit auf den Bluttest, während der man einerseits versucht, sich nicht zu viele Hoffnungen zu machen, damit man am Ende nicht so enttäuscht ist, und wenn das kurz gelingt, meint, gerade eben deswegen müsse es diesmal geklappt haben.
20. Das Hineinhorchen in den Körper, ob man vielleicht schon irgendetwas merken könnte, wobei jedes Kribbeln und Ziehen im selben Moment abgetan wird, es habe absolut nichts zu bedeuten und komme, wenn überhaupt, von den Nebenwirkungen der Hormone, die man immer noch schlucken muss.
21. Hoffen, das Kribbeln oder Ziehen habe doch etwas zu bedeuten.
22. Die Zeit, die man im Internet verbringt und »Kribbeln« und »Ziehen« googelt mit der Hoffnung, bei anderen wären

dies Anzeichen für einen positiven Ausgang des Versuchs gewesen.
23. Sorgen in der Wartezeit, man habe eben unachtsamerweise wegen *Mayonnaise gegessen, Alufolie angefasst, heiß geduscht oder laut gelacht* die Würmchen getötet.
24. Während der Wartezeit keinen Alkohol trinken zu wollen und sich eine Ausrede einfallen zu lassen, warum man nicht mit Sekt auf Tante Paulas 69. anstößt. Wo man doch sonst nicht so wäre …? Bist du etwa …? Nein.
25. Permanentes Rennen auf die Toilette während der Wartezeit, um dort hoffentlich nicht die ersten Anzeichen der einsetzenden Periode zu sehen.
26. Einmal nicht an das Thema denken und auf der Party prompt gefragt werden: »Und? Wie ist der Stand der Dinge? Habt ihr schon ein Ergebnis?«
27. Mit niemandem drüber reden können, der einen versteht, weil die Damen im Bekanntenkreis ganz einfach so schwanger geworden sind.
28. Schwangerschaftstests mit nur einem Strich.
29. Anrufe von der Klinik, es tue ihnen leid, das Ergebnis wäre negativ.
30. Das Ergebnis dem Partner mitteilen.
31. Paare, von denen man sich (ungerechterweise) denkt: *Ihr wollt euch fortpflanzen? Muss das denn sein?*, und die offensichtlich trotzdem demnächst Nachwuchs erwarten.
32. Mitleidige Blicke aller Eingeweihten.

Das alles (und noch viel mehr) ist der Fall, wenn es überhaupt zu einer Befruchtung und einer Rückübertragung kommt, das sind nämlich schon die ersten Stolpersteine für uns empfängnisbehinderte Damen oder die zeugungsschwachen Herren. Ganz gemein wird es, wenn es endlich geklappt hat, der Test war positiv, und dann ist Wochen später kein Herzschlag zu sehen. Oder, wie es uns passierte, es ist ein Herzschlag zu sehen, man ist schwanger und glücklich, aber das Würmchen stellt den Herzschlag mitsamt dem Wachstum vor Ablauf der ersten drei Monate ein.

Im Laufe der Zeit haben wir gelernt, das Leben während der Behandlungen ganz normal weiterlaufen zu lassen. Keine Termine oder Urlaube wurden mehr daraufhin ausgerichtet, ob nicht vielleicht eine Schwangerschaft dazwischenkäme und auch das längst fällige Auto wurde mitnichten ein Kombi. Fünfmal haben wir das Ganze durchgezogen, was dazu führte, dass ich mir die Spritzen mit verbundenen Augen in weniger als drei Sekunden geben konnte und L. die Männermagazine in DEM Raum auswendig kannte. »Ich kann mich täuschen, aber die ›knackige Katja‹ aus ›*Wenn der Handwerker zweimal klingelt*‹ sah heute etwas missmutig aus«, fand er beim letzten Mal. Nach fünf Versuchen sollte nun Schluss sein. Inklusive längerer Pausen waren wir jetzt schon zu lange dabei, uns wegen eines Lebens mit Kind das Leben an sich zu vermiesen, die permanente Anspannung und die turmhohe Enttäuschung jedes Mal wirken sich nämlich nicht eben positiv auf die Gesamtstimmung aus und irgendwann muss auch mal gut sein. Wäre da nicht eine Sache gewesen …

Jana schickte mir den Link einer Kinderwunschklinik, die online die Option bot: *Erzähl uns deinen Fall* und versprach, sich innerhalb von 24 Stunden fachlich kompetent dazu zu äußern. *Was soll's*, dachte ich, und schilderte in einer Mail die ganze Soße: von der Würstchen-Diagnose über die Art der Behandlungen und der Medikamente bis zum letzten Negativ. Wenn die mir nun das Gleiche vorschlugen, wie ich es schon kannte, würde ich nie mehr darüber nachdenken, das Kapitel Kind schließen und sehen, was es sonst noch auf dieser Welt Tolles für uns zu tun gab. Raten Sie mal – die Antwort kam, und sie schlugen mir einige Änderungen vor, die man nach einer genaueren Untersuchung unternehmen könnte. Ganz weit entfernt keimte eine winzig kleine Hoffnung, dass vielleicht doch …? Ich war begeistert.

L. weniger: »Ich dachte, wir waren uns einig«, sagte er mit erstauntem Blick, aber ganz ehrlich, ich wollte nicht von dieser Bühne gehen, ohne sagen zu können: Ich habe alles versucht.

Wenn es nicht funktioniert, dann werden wir (wahrscheinlich sogar ganz gut) damit leben. Aber ich will mir nicht einen noch fussligeren Kopf machen, indem ich mir bis zum Ende meiner Tage denke: *Ach, vielleicht, wenn wir DAS damals noch probiert hätten ...*

Und so stellten wir uns für einen sechsten und letzten Versuch bei der neuen Klinik vor.

Es folgte das sechste Mal Spritzen aufziehen, in die Klinik fahren, Eizellenentnahme, DER Raum für L. (diesmal mit unbekanntem Lesestoff), die Rückübertragung und eine neuerliche Wartezeit bis zum Bluttest. Diesmal würde es wirklich das letzte Mal sein und je näher der Termin des Tests rückte, desto weniger konnte ich an irgendetwas anderes denken. Die Foren und Blogs sind voll von Damen, die sich für diese zweiwöchige Wartezeit eine durchgehende Vollnarkose wünschen würden – ich bin ganz auf ihrer Seite. Nach der Hälfte der Wartezeit war mir klar: Das war nichts. Man kennt ja schließlich mit den Jahren den eigenen Körper und wenn dem so etwas Beeindruckendes wie eine Schwangerschaft widerführe, dann bekäme ich das schon mit. Damit uns der Anruf der Klinik nach dem Bluttest nicht so hart träfe, holte ich aus der Apotheke einen normalen Schwangerschaftstest, um das Ergebnis vorwegzunehmen, und so tapste ich am Morgen des geplanten Bluttests mit dem Stäbchen Richtung Toilette. Dort fand mich eine Viertelstunde später L., der allein im Bett aufgewacht war und sich Sorgen machte. »Alex?«, klopfte es an die Badezimmertür, »bist du da drin? Ist alles in Ordnung?« Ich öffnete ihm die Türe und hielt ihm das Stäbchen vors Gesicht. »Zwei Striche«, bekam ich heraus, »zwei Striche!«

L. musste kurz nachdenken, ob das nun gut war oder schlecht, aber auf der Verpackung stand es eindeutig: Zwei Striche = schwanger.

»Das ist ja ...«, sagte L. und es fiel ihm nicht ein, was das war, also beendete ich für ihn den Satz: »... ein Ding.«

»Ich kann machen, dass zwei Striche kommen!«, verkündete ich also stolz der Welt und auch wenn ich während der folgenden neun Monate immer wieder sicher war, jetzt hätte ich aus Versehen das Würmchen getötet – diesmal ging alles gut. So gut, dass an einem Tag im April ein perfekter und wunderschöner Junge das Licht der Welt erblinzelte und uns völlig fassungslos machte ob dieses Wunders. Es heißt, dass andere Frauen vor mir auch schon Kinder bekommen haben, aber ich kam mir vor wie die Erste und mein Junge kam mir vor wie der Schönste.

Zu diesem für die Welt so wichtigen Zeitpunkt war mein Besuch bei Reiki-Reiner gerade mal vier Wochen her. Ja, ich lag mit der größten Kugel der Welt auf seiner Liege, das hatte ich Ihnen derzeit verschwiegen, und die Abgabe dieses Manuskripts musste ebenfalls verschoben werden: Wenn ich schon die Chance habe, Ihnen zu berichten, ob denn nun Kinder vielleicht der Sinn des Lebens sein könnten, dann gebe ich doch nicht ab, ohne dieses Kind vorher bekommen zu haben.

Sind Kinder nun tatsächlich der Sinn des Lebens? Ich habe mir Zeit gelassen. Es ist nun zwei Monate her, dass wir mit 180 Sachen in Richtung Krankenhaus gerast sind.

Aber obwohl ich immer noch jeden Tag damit verbringen könnte, dieses Wunder einfach nur anzusehen, bin ich davon überzeugt, dass Kinder nicht der Sinn des Lebens sind. Nicht mal dieses, obwohl es ein besonders reizendes Exemplar ist. Im biologischen Sinne ist dem bestimmt so, aber davon abgesehen? Nein. Es ist einfach nur himmlisch. Sonst nichts.

UND NUN?

»Und? Wie sieht es aus mit dem Sinn des Lebens? Irgendwelche Herausfindungen?«, stellt mir L. genau die Frage, die ich mir auch stelle, und ich bin mir nicht sicher, ob ich eine Antwort darauf habe. Zumindest wenn man den Teil weglässt, bei dem man als Arzt ohne Grenzen ins Kriegsgebiet zieht oder einen ökologischen Integrationskindergarten aufmacht, also den Teil, in dem man dem Leben einen Sinn *gibt*, indem man ihm eine bestimmte Wertvorstellung aufpfropft.

Ob dem Leben an sich (und im speziellen, also Ihres und meins) eine tiefere Bedeutung zugrunde liegt, ob wir hier sind, um eine Schuld aus unserem letzten Leben zu begleichen, nach Erkenntnis zu streben oder damit Gott nicht so langweilig ist – ich weiß es immer noch nicht.

Vielleicht sind wir ja einfach nur endlich und die Welt dreht sich ohne uns weiter, völlig unbeeindruckt, ob wir nun darauf warten oder nicht. Vielleicht sollten wir uns daran orientieren, was diejenigen über das Leben denken, die es schon gelebt haben. Die Sterbebegleiterin Bronnie Ware hat ihnen zugehört und es in ihrem Buch *5 Dinge, die Sterbende am meisten bereuen* aufgeschrieben.

»Ich wünschte, ich hätte den Mut gehabt, mein eigenes Leben zu leben«, steht dort zum Beispiel, und: »Ich wünschte, ich hätte mir erlaubt, glücklicher zu sein.«

Vielleicht ist das Leben nur das: was man daraus macht?

Im Laufe des ganzen Projekts habe ich versucht, diesen einen Satz zu Ende zu schreiben:

»Das Leben ist …«

aber mit jedem Kapitel kam ich der Wahrheit, meiner Wahrheit, nicht näher. Im Gegenteil, ich streckte die Fühler in verschiedene Richtungen aus, nur um eine Möglichkeit nach der anderen auszuschließen:

»~~… von Gott gegeben.~~«

»~~… vorbestimmt.~~«

»~~… die Summe der Erfahrungen.~~«

»~~… das, was wir draus machen.~~«

»~~… das Erleben des Selbst.~~«

»~~… persönliche Entwicklung.~~«

…

Bis mir klar wurde, dass der Satz von Anfang an vollkommen war. Ich habe es nur nicht gesehen:

Das Leben ist.

NACHWORT

Die Veranstaltungen betreffend habe ich mir nicht mit Absicht besonders absurde, eigenartige oder komische Seminarleiter, Mitschüler oder Veranstaltungen ausgesucht.

Es handelt sich immer um eine zufällige Auswahl aus einer breiten Palette von Angeboten, entscheidend für die Wahl war lediglich die terminliche oder örtliche Kompatibilität.

Mit Sicherheit gibt es andere Workshops, Seminare oder Veranstaltungen zu einem der besprochenen Themen, die ganz wunderbar sind.

Und wenn Sie sich auf den Schlips getreten fühlen, weil Sie vielleicht öfter mit Engeln zu tun haben, ein Medium sind oder fundamentaler Christ, Sie wissen ja:

dann liegt da etwas im Argen, an dem können Sie arbeiten und mir danken.

224 Seiten
Preis: 14,99 € [D] | 15,50 € [A]
ISBN 978-3-86882-252-6

Alexandra Reinwarth
DAS FIT-NESSPROJEKT
Wie ich (fast) jeden Scheiß ausprobierte, um in Form zu kommen

Alexandra Reinwarth ist Mitte dreißig, arbeitet viel, feiert gerne, raucht und treibt kaum Sport. Aber jetzt ist Schluss mit der Schluderei: sie hat einen Plan. Eine Methode muss her, mit der sie knackiger, gesünder, fitter und insgesamt mehr Yogurette statt Snickers wird. Dazu probiert sie (fast) alles aus, was der Fitnessmarkt hergibt und schreckt auch vor Grenzerfahrungen wie Reizstrom und der Pole-Stange nicht zurück. Im Laufe von vielen blauen Flecken und einigen legendären Muskelkatern macht sie uns mit möglichen und unmöglichen, klassischen und modernen Sportarten bekannt.

Eine kurzweilige Lektüre für alle, die noch keine oder bald eine aktive Beziehung zum Sport haben oder einfach gerne „mehr Yogurette und weniger Snickers" wären.

mvgverlag

256 Seiten
Preis: 14,95 € [D] | 15,40 € [A]
ISBN 978-3-86882-205-2

Alexandra Reinwarth
DAS GLÜCKSPROJEKT
Wie ich (fast) alles versucht habe, der glücklichste Mensch der Welt zu werden

»Dies ist kein Glücksratgeber. Ratgeber bringen überhaupt nichts, glauben Sie mir, ich habe viele davon. Wenn es nach meinem Bücherregal ginge, wäre ich schon längst schlank im Schlaf geworden, ich wäre die perfekte Liebhaberin, wüsste Wege in die Entspannung, es wäre egal, wen ich heirate, denn ich würde mich selbst lieben und ich würde mich nicht sorgen, sondern leben.«

Alexandra Reinwarth hat ihr Leben einfach selbst in die Hand genommen und es ein Jahr lang tatsächlich versucht: das Glück zu finden. Dafür ist sie weder vor dem Lachyoga-Seminar noch vor Bestellungen ans Universum zurückgeschreckt.
Was sie in ihrem Glücksprojekt erlebt hat, ist so wunderbar und inspirierend, dass es Sie schon beim Lesen glücklich machen wird.

256 Seiten
Preis: 9,99 € [D] | 10,30 € [A]
ISBN 978-3-86882-289-2

Alexandra Reinwarth
DAS SEXPROJEKT
Wie ich (mich) auszog,
die beste Liebhaberin
der Welt zu werden

Alexandra Reinwarth will es wissen: Sie will die beste Liebhaberin der Welt werden. Dazu macht sie sich auf die Suche nach dem G-Punkt und der teuersten Hure Deutschlands, sie stürzt sich in die Lingam-Massage und absolviert einen Oralsexkurs.

Wilde Sex-Toys und ein ausgebauter Beckenboden, weiße Magie und ein Bett im Kornfeld, alles wird ausprobiert. Nur der homophobe Freund sträubt sich noch gegen die Sache mit der Prostata …

mvgverlag

Wenn Sie **Interesse** an **unseren Büchern** haben,

z. B. als Geschenk für Ihre Kundenbindungsprojekte, fordern Sie unsere attraktiven Sonderkonditionen an.

Weitere Informationen erhalten Sie von unserem Vertriebsteam unter +49 89 651285-154

oder schreiben Sie uns per E-Mail an:
vertrieb@mvg-verlag.de